U0562525

中国社会科学院创新工程学术出版资助项目

居安思危·世界社会主义小丛书

中国经济体制改革的方向问题

刘国光◎著

社会科学文献出版社
SOCIAL SCIENCES ACADEMIC PRESS (CHINA)

居安思危·世界社会主义小丛书
编 委 会

"居安思危·世界社会主义小丛书"总序(修订稿)

中国社会科学院原副院长

世界社会主义研究中心主任、研究员

李慎明

　　"居安思危·世界社会主义小丛书"既是中国社会科学院世界社会主义研究中心奉献给广大读者的一套普及科学社会主义常识的理论读物,又是我们集中院内外相关专家学者长期研究、精心写作的严肃的理论著作。

　　为适应快节奏的现代生活,每册书的字数一般限定在4万字左右。这有助于读者在工作之余或旅行途中一次看完。从2012年7月开始的三五年内,这套小丛书争取能推出 100 册左右。

　　这是一套"小"丛书,但涉及的却是重大的理论、重大的题材和重大的问题。主要介绍科学社会主义基本理论及重要观点的创新,国际共产主义运动中重大历史事件和重要领袖人物(其中包括反面角色),各主要国家共产党当今理论实践及发展趋势等,兼以回答人们心头常常涌现的相关疑难问题。并以反映国外当今社会主义理论与实践为主,兼及我国的革命、建设和改革开放事业。

　　从一定意义上讲,理论普及读物更难撰写。围绕科学社会主义特别是世界社会主义一系列重大理论和现实问题,在极有限的篇幅内把立论、论据和论证过程等用通俗、清新、生动的语言把事物本质与规律讲清楚,做到吸引人、说服人,实非易事。这对专业的理论工作者无疑是挑战。我们愿意为此作出努力。

　　以美国为首的西方世界的国际金融危机,本质上是经济、制度和价值观的危机,是推迟多年推迟多次不得不爆发的危机,这场危机远未见底且在深化,绝不是三五年就能轻易走出去的。凭栏静听潇潇雨,世界人民有所思。这场危机推动着世界各国、各界特别是发达国家和广大发展中国家的普通民众开始进一步深入思考。可以说，又一轮人类思想大解放的春风已经起于青蘋之末。然而，春天到来往往还会有"倒春寒"；在特定的条件下，人类社会也有可能还会遇到新的更大的灾难，世界社会主义还有可能步入新的更大的低谷。但我们坚信，大江日夜逝，毕竟东流去，世界社会主义在本世纪中叶前后，极有可能又是一个无比灿烂的春天。我们这套小丛书，愿做这一春天的报春鸟。

现在，各出版发行企业都在市场经济中弄潮，出版社不赚钱决不能生存。但我希望我们这套小丛书每册定价不要太高，比如说每本 10 元是否可行？相关方面在获取应得的适当利润后，让普通民众买得起、读得起才好。买的人多了，薄利多销，利润也就多了。这是常识，但有时常识也需要常唠叨。

敬希各界对这套丛书进行批评指导，同时也真诚期待有关专家学者和从事实际工作的各级领导及各方面的人士为我们积极撰稿、投稿。我们选取稿件的标准，就是符合本丛书要求的题材、质量、风格及字数。

2013 年 3 月 18 日

目录 | Cᴏɴᴛᴇɴᴛꜱ

一 当前改革要正确认识和解决好三个
关键性问题

关于经济运行机制:在继续坚持市场改革的同时,要重新强调国家宏观计划调控的作用

改革开放以来,经济运行机制逐步由计划经济转向市场经济,推动了我国经济生动活泼地向前发展。在全部商品流通总额中,目前市场调节部分已占到90%以上。几年前有人估计,我国市场经济在整体上完成程度已达到70%左右。可以说,社会主义市场经济已经初步建立。但是,目前社会主义市场经济还不够充分、不够完善,还有一些不到位的地方,如资源要素市场、资本金融市场等,都还需要进一步发展。此外,还有因经验不足、犯了市场幼稚病,从而导致过度市场化的地方,如在教育、医疗、住宅等不该市场化的领域也搞市场化,以至于发展到对市场迷信的地步,带来不良后果。

市场经济初步建立之后,市场的积极方面和消极方面都充分展现出来。市场经济在发挥激烈竞争、优化资源配置、促进经济效率等优越性的同时,其自身固有的缺陷,经过三十几年的演变,也逐步显露出来。特别是在总量综合平衡、环境资源保护以及社会公平分配上引发的问题,在我国不是市场经济本身能够解决的。因此,三十几年的结果,一方面经济发展取得很大成绩;另一方面社会经济出现新的矛盾,资源环境、分配民生等矛盾越积越多。这与国家宏观计划调控跟不上市场化的进程有一定的关系。

本来我们所要建立的市场经济,就是国家宏观调控下的市场经济,这一根本点在 1992 年就明确地写入了党的十四大文件。这些年来,国家对经济的宏观调控水平在不断进步,我们在短期经济波动的控制上,先后取得了治理通货膨胀和治理通货紧缩两方面的一定经验。但是,国家计划对短期和长期宏观经济发展的导向作用明显减弱,这影响到宏观调控的实效,造成国民经济发展许多方面失衡。

现在是到了继续坚持市场取向改革的同时加强宏观计划调控的作用,强调国家计划在宏观调控中的指导作用的时候了。针对国家宏观计划调控跟不上市场经济发展形势的状况,党的十七大就已经提出:"发挥国家发展规划、计划、产业政策在宏观调控中的导向作用,综合运用财政、货币政策,提高宏观调控水平。"十八大报告应该进一步强调发挥国家计划在宏观调控市场经济中的导向作用,现在有十分重要的现实意义。

强调国家计划在宏观调控中的导向作用,并不是如某些人所讲的那样"要回到传统计划经济模式"。国家计划在宏观调控中的导向作用,不同于过去"传统计划经济",而是计划与市场在更高层次上的新的结合。其主要表现:一是现在的计划不是既管宏观又管微观、无所不包的计划,而是只管宏观层面,微观的事情主要由市场调节。二是现在资源配置的基础性手段是市场,计划是弥补市场缺陷与不足的必要手段。三是现在的计划主要不再是行政指令性的,而是指导性、战略性、预测性的计划,同时又要有必要的约束和问责的功能。国家计划导向下的宏观调控,是中国特色社会主义市场经济的应有之义,不能把"计划性"排除在社会主义市场经济含义之外。

关于所有制结构:在坚持多种所有制共同发展的同时,要重新强调"公有制为主体"

从十四大、十五大、十六大、十七大一直到现在,党的文件一贯坚持公有制为主体、多种所有制经济共同发展的基本经济制度，没有一个文件不以公有制为主体。强调"坚持和完善公有制为主体，多种所有制经济共同发展的基本经济制度"，这当然不是一句空话，不是停留在文字上，而是要坚决贯彻落实的。

现在要坚持"两个毫不动摇"，即毫不动摇地坚持公有制为主体，毫不动摇地发展多种所有制形式，不能只强调发展非公有制经济，不能只强调一个毫不动摇。

有人说公有制效率低，是官僚经济，是权贵经济，不是国家的财富，而是少数人的财富。笔者在一篇文章中谈到这个问题，公有制并非注定效率低。20世纪60年代我国的"鞍钢宪法"，有很好的经验，日本等国有企业管理都吸收它的经验，这是众所周知的事情。资本主义国家也有国有企业管得好的，并不是一概效率低。

改革开放以来，国有经济内部管理也有问题。某些企业管理不善，将国有资产变为少数企业高管人员的个人财富变为私有财产；就算没有MBO，一些国有企业的领导层也在腐化变质，有的企业领导自定薪酬，几十万、几百万年薪的高工资，而普通职工月薪只有几百元、几千元。这些都不是公有制固有的属性。人家攻击我们国有经济已经不是公有制,并非完全虚指,也指出了一些问题。但是,这些弊病在过去"计划经济"时期并不存在,是在市场化的改革以后才发生的,这也值得我们深思。

国有企业本身应进一步改革,既不能变回到过去"大锅饭"的旧体制,也不能维持现在被扭曲的形象,要在社会主义条件下解决目前存在的行政性垄断和腐败问题,解决企业内部的激励机制问题;要使得国有企业既真正体现社会公平,同时又有激励机制。这种探索,西方国家不是没有先例。西方国家也有国有企业,也有国家公务员,看看二者的收入比例,差距不会像我们现在拉得那么大。国有企业的领导与国家机关工作人员一样,都是国家的公职人员,不能完全按照私有经济的法则办事。所以,国有企业管理腐败一定要治理。

重新强调"公有制为主体",并非恢复过去"大一统"的公有制经济,也不是恢复旧模式的国有经济,而是在保障公有制为主体的前提下,坚持"两个毫不动摇",毫不动摇地引导非公有制经济的发展,毫不动摇地保护国有经济的主导地位,并按社会主义市场经济原则深化国有经济改革。

关于分配关系:要从"让一部分人先富起来"转向"更加重视社会公平"

从分配上的平均主义到拉开收入差距,允许一部分人通过勤劳先富起来是完全正确的。但是,如果收入差距拉得太大,以致贫富分化造成难以逾越的鸿沟,出现两极分化,就不对了。现在要让先富带后富,缩小贫富差距,走共同富裕的道路。

在改革开放后的一段时期内,强调效率优先、兼顾公平,有其正面的积极作用,可以促进效率,促进生产,促进经济发展。但是,过了这个阶段,贫富差距扩大,不能实现先富带动后富,不能实现共同富裕,不能实现公平的目标,这个时候,就必须强调效率与公平二者同时并重,而且更加重视和强调社会公平。

淡化"优先、兼顾"提法,强调"更加重视社会公平",不是要回到过去,不是回到过去的"大锅饭",不是回到过去的平均主义,而是在更高层次上的提高。按照马克思主义观点,所有制决定分配。但是,人们常忽略了这个观点。在分析我国贫富差距扩大的原因时,举了很多缘由,如城乡差别扩大、地区不平衡、行业垄断、腐败、公共产品供应不均、再分配调节落后等,不一而足。这些缘由都能成立,但不是最主要的。造成收入分配不公的最根本原因被忽略了。

财产占有上的差别,是收入差别的最大的影响因素。连西方资产阶级经济学家萨缪尔逊都承认,"收入差别最主要的是拥有财富多寡造成的,和财产差别相比,个人能力的差别是微不足道的",他又说,"财产所有权是收入差别的第一位原因,往下依次是个人能力、教育、培训、机会和健康"。三十多年来我国贫富差距的扩大,除了上述一系列原因外,跟所有制结构变化,跟"公"降"私"升和化公为私的过程显然有关。这种关系,被某些学者在分析收入差距原因时,有意无意地忽略掉了。

在调整收入分配差距关系、缩小贫富差距时,要多方入手。人们往往从分配关系入手,特别是从财政税收、转移支付等再分配领域入手,完善社会保障,改善低收入者的民生状况。这些措施都是完全必要的,我们现在也开始这样做了。但是,仅从分配和再分配领域着手是远远不够的,不能从根本上扭转贫富差距扩大的问题。还需要从所有制结构,从财产制度上直面这一问题,从根本上阻止贫富差距扩大、两极分化的趋势。这就是邓小平所说的,"只要我国经济中公有制占主体地位,就可以避免两极分化"。

所以,所有制发展上要坚持"两个毫不动摇",要坚持公有制为主体,毫不动摇地发展公、私两种经济,不能只片面强调一个毫不动摇;要延缓"公"降"私"升速度和程度,阻止化公为私的所有制结构转换过程,坚决制止目前借反垄断来瓜分国有企业的浪潮,才能最终避免两极分化的前途。

总之,无论是所有制结构、运行机制还是分配制度,都要坚持正确的发展观。倒退没有出路,也不会有回头路。不坚持市场取向的改革,中国没有出路;市场化走过了头,也没有出路。完全市场化,不要国家宏观计划调控;完全私有化,不要公有制为主体;完全的两极分化,不要社会公平;这不是我们社会主义的本质要求。这是小平同志讲的。因此,改革开放必须走向更高阶段,不按这样的道路走,改革开放就会失败,按这样的道路走,改革开放的道路会光明灿烂。

(此文摘自《人民论坛》2012 年第 3 期载《不坚持社会主义方向的改革同样死路一条》一文)

二　不坚持社会主义方向的改革同样死路一条

2012年2月初,许多媒体登载一条消息,引述邓小平同志20年前"南方谈话"中的一个断句,"不改革开放就是死路一条",激起了社会人士的广泛注意,"大家备感振奋";同时也引发了民间和网络议论纷纷。

三十多年的改革开放,我国国力增进,无疑获得巨大成就。当前,随着改革的深化,一些深层次的矛盾浮现出来,日益突出。确实,只有继续坚持改革开放,才能化解风险,中国才有出路,才有前途。

改革有不同的方向。改革是按社会主义方向走,还是按资本主义方向走,大有讲究。

改革之初,强调"改革是社会主义制度的自我完善",同时强调"坚持四项基本原则"与"坚持改革开放"是同等重要的两个"基本点",所以大家都很高兴,很拥护改革。

到现在,讲改革开放的时候,很少提"社会主义制度的自我完善"了,坚持"四项基本原则"也不提或者淡化了,有时一笔带过,不当一回事。所以,不少同志对现在的"改革"有些疑虑。

因此，重新强调"不改革开放就是死路一条"，看来很有必要。不过当前流行的"如果不改革就是死路一条"的说法，是不够精确，不够全面的。改革有不同的方向，改革到底是按社会主义方向还是按资本主义方向，这个问题还是要讲清楚。戈尔巴乔夫也曾坚持改革，他把苏联改到什么地方去了。原苏共中央意识形态部部长亚·谢·卡普托说："随便把改革历史梳理一下就会发现，戈尔巴乔夫的改革，一开始就是实施加速发展战略，接着是科技进步，然后是更多的民主，就是民主社会主义，最后就是消灭社会主义。"俄中友协主席米·列·季塔连科说，"戈尔巴乔夫的改革名义上是改革，实际上是一项破坏苏联，瓦解苏联的计划"。邓小平更指出，"有一些人打着拥护改革开放的旗帜，想把中国引导到资本主义，他是要改变我们社会的性质"。所以，不能简单地说"不改革就是死路一条"。准确地说，**不坚持社会主义方向的改革，才是死路一条；坚持资本主义方向的改革，也是死路一条。**

所以，不要简单地重复"不改革就是死路一条"。这个提法容易把改革引导到错误的方向。查一查邓小平1992年"南方谈话"关于"死路一条"的全面表述，原来并不是简单的"不改革开放就是死路一条"，而是先讲了极其重要的前提条件，其全句是：

> 要坚持党的十一届三中全会以来的路线、方针、政策，关键是坚持"一个中心、两个基本点"。不坚持社会主义，不改革开放，不发展经济，不改善人民生活，只能是死路一条。

我们不应该口头上片面地引用邓小平讲话中的个别语句，而要全面地坚持邓小平讲话精神。在涉及改革开放的话题时，不讲或者淡化四项基本原则，不讲或者淡化、歪曲社会主义，而只讲"不改革开放只能是死路一条"，那就是有意识地或者无意识地把改革开放引向资本主义邪路。

我希望十八大报告的写作班子能把这个精神讲清楚，不要再含含糊糊，给别有用心的人有钻空子的余地。

这个问题太重要了，关系到我们社会主义国家的前途和十几亿人民的命运。

不错,我们的改革从一开始就是市场取向改革。但是,从一开始我们也认定这场改革是社会主义制度的自我完善。党的十四大明确提出改革目标是建立社会主义市场经济,而不是资本主义市场经济。什么是社会主义不同于资本主义的本质特征和根本原则,邓小平也讲得很清楚。他说,"社会主义与资本主义不同的特点就是共同富裕,不搞两极分化"①,"社会主义最大的优越性就是共同富裕。这是体现社会主义本质的一个东西"②。为实现这个不同于资本主义的本质特征,就要公有制经济占主要地位,**"只要我国经济中公有制占主体地位,就可以避免两极分化"**③,最终实现共同富裕。由此可知,邓小平为什么多次把公有制为主体和共同富裕、不搞两极分化当作社会主义的"两个根本原则"来反复强调。初步统计,他至少五次讲过:**社会主义有两个根本原则,一个是**

①《邓小平文选》第三卷,人民出版社,1993,第 123 页。
②《邓小平年谱(1975～1997)》(下),中央文献出版社,2004,第 1234 页。
③《邓小平文选》第三卷,人民出版社,1993,第 149 页。

公有制为主体，一个是共同富裕，不搞两极分化①。邓小平关于社会主义的两个根本原则和这两个根本原则之间的关系（即前引"只要我国经济中公有制占主要地位，就可以避免两极分化"）的论述，是邓小平独创的，是中国特色社会主义理论的精髓，同时也符合马克思主义和毛泽东思想。十八大报告就应当按照这两个根本原则来判别改革方向是社会主义的还是资本主义的，据此决定改革方向的取舍。

按照邓小平提出的社会主义第一个根本原则，十八大报告在讲改革开放时，除了重申并强调坚持四项基本原则，还应重申并强调《宪法》规定的以公有经济为主体、以国有经济为主导的社会主义基本经济制度不能动摇；目前公有制经济在全国经营性资产总额中的比重远低于临界点，已经无优势可言，国家经济命脉中国有经济的主导作用和控制力也已明显削弱的情势下，尤其要切实制止一切违反《宪法》的政策法令的推行，抵制和削减这类

① 《邓小平年谱（1975～1997）》（下），中央文献出版社，2004，第1033、1069、1075、1078、1091 页。

违宪言论主张的影响。如一批老共产党员和正直学者指出，国务院《非公36条》鼓励私人资本进入国民经济命脉关键领域，是违反《宪法》的，全国人大应该撤销此文件，或者修改《宪法》，就是值得认真考虑的意见。又如，世界银行佐利克的报告，要求中国大规模缩减国有企业，据该报告英文版透露，国企在工业产值中的比重，应由2010年的27%，压减到2030年的10%左右。实际上世行报告是国内极少数自由化官僚精英的主意，借助国际资本的力量，来压制国内反对私有化的浪潮。2012年3月17日国务院发展中心在北京钓鱼台召开高层论坛，就有特邀"著名学者"说，"我必须拥护世行的报告提出的一些建议，事实上国有企业已经成为未来中国进一步成长的一个最主要障碍之一，未来希望五年到十年内，应该将国有企业比重降到10%左右"，比世行报告还要积极，提前十至十五年实现世行的目标。中外资产阶级右派精英为中国设计的私有化方案，国有企业在国民经济中的比重，比某些当代资本主义国家的国有垄断资本曾经达到的比重还要低得多。我们在20世纪80年代考察过法国的国企，当时法国国有企业在全国经济中占的比重是，营业额

21%,增加值28%,工业中营业额占42%。由此比较,这些所谓的中外专家,想要把中国变颜色变到什么地步!中国政府的某些官员还把他们奉为上宾,开门揖盗。我想中国共产党作为真正马克思主义的中国政党,十八大一定会对此类事情做出适当的清理。

按照邓小平社会主义第二个根本原则,十八大报告应针对时弊,分析过去三十多年里,我们改革的大部分时间把以经济建设为中心的重点,放在做大蛋糕上,即GDP增长上,没有来得及放到分好蛋糕上,以至于贫富差距不断扩大,两极分化趋势明显;在未来一个时期内,我们要克服这个缺陷,把分好蛋糕放在更加重要的地位,也就是说把以经济建设为中心的着重点放在分好蛋糕上,即放在民生和分配上。为了显示中国共产党为中国人民共同富裕,不搞两极分化的真诚决心,十八大报告宜重笔墨阐述邓小平关于共同富裕和不搞两极分化的多次论述,尤其是不要回避邓小平一再提出的**"如果我们的政策导致两极分化,我们就失败了"**的告诫。要支持在共同富裕方面推行和获得群众拥护的地方成功探索,使之得到发扬推广,不因人废言废事。在理论上,十八大报告还应超越已有的从收入和福利的分配和再分配着手,解决共同富裕问题的地方成功探索,依据前述邓小平关于两个根本原则之间的关系的论述,指出要扭转两极分化趋势和实现共同富裕,就必须不仅在收入和福利的分配和再分配上采取有效措施,而且还要从所有制结构和财产关系的调整和回归到以公有经济为主体的社会主义基本经济制度上来,才能根本解决问题。

(此文内容要点为 2012 年 3 月 24 日在北京钓鱼台国宾馆召开的中国宏观经济学会常务理事会第一次会议上的发言。全文发表于《经济学动态》2012 年第 7 期,原题《端正改革的方向》)

三　关于社会主义初级阶段的矛盾和社会主义本质特征

这次给《关于社会主义政治经济学的若干问题》一文授奖,笔者很感谢,也很惭愧,这篇文章不是一个成熟的研究成果,而是对一本书稿的即兴评论。什么书稿呢?就是马克思主义理论研究和建设工程政治经济学教材编写课题组于 2010 年 6 月编写的《马克思主义政治经济学概论》第三次送审稿,送来请提意见。笔者当时匆匆写了几条意见,回复"马工程办",说因为"送审稿篇幅较长,所给时间有限,年纪大了精力较差,只读了一部分,随读随写了一点不成熟的意见,主要是对社会主义部分写的"。"马工程办"主要负责人收到笔者的几点意见之后复信称,"中央领导同志十分重视。相信对该书稿质量提高一定会产生积极作用"。这当然是鼓励之词。这份"几点意见"后来被《政治经济学评论》主编看到,要笔者按公开发表的要求略作修改,形成这篇文章。文章涉及多方面的问题,这里只介绍两个问题,一个是社会主义初级阶段的矛盾问题,一个是不同于其他社会制度的社会主义本质特征问题。

1. 社会主义初级阶段的矛盾

教材书稿第 388 页,按党的文件论述社会主义初级阶段的主要矛盾,就是人民日益增长的物质文化需要同落后的社会生产之间的矛盾。这次十八大报告再次重申,这一社会主要矛盾没有变,表明中央现在仍很重视这一矛盾。

不过,当前有一个理论上的疑难问题,就是出现了"内需不足""产能过剩"的现象,即国内生产能力大于国内需求,这种情况不但在经济周期上扬时期出现,而且在生产增长降温时更为突出。这好像同社会生产落后于社会需要的主要矛盾有点脱节,很需要政治经济学的理论解释。

人民日益增长的"需要",是指生理上和心理上的欲望,还是指有购买能力的需求? 如果是前者,即主观欲望,那么社会生产总是赶不上欲望的需要,由此推动社会的发展和人类的前进。那就是这一矛盾永远是推动社会生产进步的矛盾,不单纯是社会主义初级阶段的矛盾。如果"需要"是指后者,即有购买能力的需求,那么社会生产和人民消费需求的关系,就要看是什么社会制度了。在资本主义社会制度下,社会生产与有效需求的关系受到资本主义经济基本矛盾的制约,人民有效需求总是落后于不断扩大的社会生产,因此经常发生生产过剩并爆发周期性经济危机。在社会主义社会制度下,公有制经济和按劳分配制度,再加上有计划的调节和综合平衡,一般不应发生有效需求不足和生产过剩问题。但在过去传统计划经济下,大锅饭、软预算体制,导致短缺经济现象,往往出现有效需求过多而生产供应不足。这是传统计划经济的一个缺陷。但这不是制度性问题,而是体制性问题。无论如何社会主义社会一般不应发生有效需求不足和生产过剩的、与社会主义本质宗旨相扭曲的现象。问题在于现在初级阶段不是完整的社会主义。除了社会主义经济成分外,中国特色社会主义社会还允许私企、外企等资本主义经济存在和发展,因此资本主义经济规律包括劳动人民的收入消费赶不上社会生产的规律的作用就渗透到初级阶段社会主义经济中来,发生局部的生产过剩和内需不足的问题。对于这次世界资本主义周期性经济危机,中国为什么被卷进去,为什么中国在这个危机中表现得比资本主义国家好些,也要从上述道理来解释,才讲得通。笔者在《求是内参》2009 年第 14 期发表的《当前世界经济危机中国的表现与中国特色社会主义模式的关系》一文中,讲了这个问题。

初级阶段的主要矛盾,决定了十一届三中全会以来我党工作重点转移到以经济建设为中心,这是很正确的。"经济建设"或"经济发展"要做什么事情? 简单地说主要是两件事情,一是把 GDP(或"蛋糕")做大,经济实力做强;二是把 GDP(蛋糕)分好,让人民共享发展成果。从全局来看,当然要"做大"和"做好"两者并重;但在初级阶段确有先后次序,先做大蛋糕,然后分好蛋糕,也说得通;但到一定时候就要两者并重,甚至把分好蛋糕放在"更加注重"的地位,因为不这样做就难以进一步做大蛋糕。政治经济学应该强调现在我们已经到了这个时候。按照邓小平的意见,在 20 世纪末初步达到小康水平的时候就要突出地提出和解决贫富差距问题,[①]就是说,从世纪之交开始,我们就应在做大蛋糕的同时,开始注意分好蛋糕,并把后者放在经济工作的突出地位。现在,贫富差距扩大

---

① 《邓小平年谱(1975~1997)》(下),中央文献出版社,2004,第 1343页。

和两极分化的趋势远比 2000 年时严重得多,更应把这一方面的工作作为经济工作的重点,即中心的重点。当然,做大蛋糕还是很重要的,现在我国经济总量已超过日本居世界第二,但是人均还不到日本的 1/10,所以还要继续做大蛋糕,仍然包含在经济建设这个中心里面。不过中心的重点现在应当是分好蛋糕,更加重视社会公平。这是全体人民切身关心的问题,也符合社会主义的本质、宗旨。我认为,在以"做大蛋糕"为主的阶段可以提倡"效率优先,兼顾公平""让一部分人先富起来"的口号,以刺激 GDP 和国家经济实力的高速增长。但在今后以"分好蛋糕"为主的阶段,"公平与效率并重更加重视公平"就应该成为合适的口号。"让一部分人先富起来"的任务已经完成,应该转向"逐步实现共同富裕"的目标。笔者在 2011 年写了一篇论国富民富和先富共富的文章,建议删掉"让一部分人先富起来",留下"逐步实现共同富裕"。十八大报告正是这样写的。报告上还有一句"必须坚持共同富裕的道路",表明了中国共产党实现共同富裕的决心,并且澄清了十八大以前关于十八大报告起草时一位有影响人士攻击"共同富裕是亡国之道"的迷雾。但是十八大修改的党章中仍然保留了"鼓励一部分人先富起来"的过时口号,足见党内对这个问题仍有分歧。

2. 不同于其他社会制度的社会主义本质特征

在书稿第 374 页说,"社会主义本质是指社会主义制度不同于封建主义和资本主义制度等社会制度的最根本的特征。"这个定义就生产关系来说,是正确的,但不能完整地解释邓小平 1992 年"南方谈话"提出的社会主义本质。① 邓小平那次讲的社会主义本质包含生产力和生产关系两个方面。生产力方面的特征是"解放生产力,发展生产力"。生产关系方面的特征是"消灭阶级,消除两极分化,最终达到共同富裕"。生产关系方面的社会主义特征确实是不同于资本主义等社会制度的特征。而生产力方面的特征则不能这么说,因为其他社会制度在成立的初期也是"解放生产力,发展生产力"。马克思和恩格斯在《共产党宣言》中,就描述过资本主义制度初期发展生产力的巨大功绩,说:"资产阶级在它的不到一百年的阶级统治中所创造的生产力,比过去一切世代创造的全部

---

① 《邓小平年谱(1975～1997)》(下),中央文献出版社,2004,第 1343 页。

生产力还要多,还要大。"①

邓小平这次谈话之所以把"解放生产力,发展生产力"包括在社会主义的本质特征中,是针对当时中国生产力发展还极其落后,而四人帮又在搞"贫穷的社会主义",阻碍着中国生产力的发展,提醒人们注意中国的社会主义更需要发展生产力,以克服贫穷落后的紧迫性。这样讲是必要的。如果设想社会主义革命在生产力高度发达的资本主义国家取得胜利,就不会有把"解放和发展生产力"当作社会主义的本质特征和根本任务的说法,而只能是"消灭剥削,消除两极分化,达到共同富裕"。

邓小平讲社会主义"本质"的地方并不多,他大量讲的是社会主义的"性质""原则""两个最根本的原则""最重要的原则""两个非常重要的方面"。② 概括起来,一个是公有制为主体,一个是共同富裕,不搞两极分化。他反复地讲这两点,而这两点同1992年"南方谈话"所谈社会主义本质的生产关系方面,又是完全一致的。

---

① 《马克思恩格斯选集》第一卷,人民出版社,1995,第277页。
② 《邓小平年谱(1975～1997)》(下),中央文献出版社,第1033、1069、1078、1075、1091页等处。

邓小平之所以反复强调社会主义本质、性质、原则的生产关系方面的东西,就是因为不同社会制度相区别的本质特征是在生产关系方面,不是在生产力方面。马克思主义政治经济学的研究对象是联系生产力和上层建筑来研究生产关系,着眼于完善生产关系和上层建筑,来促进生产力的发展。所以在社会主义本质问题的研究和阐述上,主要的功夫应该下在生产关系方面,强调社会主义区别于资本主义的本质在于消灭剥削和两极分化,它的根本原则在于公有制为主体和共同富裕。

事实上,不仅本书稿,而且别处许多教材在社会主义性质问题分析上,对于发展生产力方面的阐述也比较周详,这当然是必要的;但对于生产关系方面的阐述偏弱,这是不足之处。为什么会有这种偏向? 其原因大概是社会主义初级阶段的实践,实际上不能消除一切剥削,并且出现两极分化的趋向。书稿370页上说,一些就其性质来说不是社会主义的生产关系,只要适应社会主义初级阶段的生产力水平,能够推动生产力的发展,也应该存在和发展。这是容许资本主义剥削因素存在于初级阶段社会主义的理论依据。这样,为了发展生产力,我们必须容忍剥削关系和它所带来的两极分化后果,甚至谈论剥削关系和两极分化趋势的存在。但这是同社会主义本质论不相容的。社会主义本质论同社会主义初级阶段实践的矛盾,使得这个理论的阐述者只好强化它的生产力方面,弱化它的生产关系方面。这同我们主流社会理念都浸沉在"唯生产力论"、片面的"唯发展论"和埋头于闷声发财的气氛是相符的。但是,邓小平社会主义理论的重点核心,还是在生产关系方面。不然,为什么他说"如果我们的政策导致两极分化,我们就失败了"?① 这个理论上的假设,也是就生产关系来说的。"失败"是指在假设的情况下,社会主义生产关系就要遭受挫折,并不是指生产力。即使在那样假设的情况下,生产力短期内仍可能有很大的发展。

我们怎样才能解决社会主义本质论和社会主义初级阶段实践之间的矛盾呢? 这是需要政治经济学来研究和解答的问题。

政治经济学对社会主义本质的内涵,应根据前述邓小平在众多场合所讲的精神,恢复其不同于其他社会制度的最根本特征,即生产关系方面的含义,而淡化他仅仅

---

① 《邓小平文选》第三卷,人民出版社,1993,第111页。

在一处("南方谈话")顺便提及的生产力方面的含义。当然发展生产力不论对于贫穷落后的中国建立社会主义来说,还是对于准备为未来共产主义社会奠定物质基础来说,都是非常重要的,邓小平对这些问题有多处丰富的论述。① 可以另辟一个范畴,用邓小平自己概括的"社会主义的根本任务是发展生产力"来专述发展生产力的重要性方面的问题,就如同本书稿已经做的那样;而让"社会主义本质论"专门论述生产关系的内涵。政治经济学就应当更加加重生产关系方面问题的阐述。

在明确了社会主义本质就是区别于资本主义的特征即"消灭剥削,消除两极分化,最终达到共同富裕"之后,就可以进一步解决本质论与初级阶段实践之间的矛盾。社会主义本质是适用于整个社会主义历史时期的,包括初级阶段。在社会主义初级阶段,除了社会主义的主导因素包括公有制和按劳分配,还必须容许资本主义因素,如私有制和按资分配存在。因为有资本主义私有制和资

---

① 《邓小平文选》第三卷,人民出版社,1993,第 137、199、157、225、227页等处。

本积累规律发生作用,所以必然有剥削和两极分化趋势的出现。社会主义就其本质来说是不容许这些东西存在的,但在初级阶段一时还做不到,为了发展生产力,只能兼容一些资本主义因素。社会主义就其本质来说,又是不能让剥削和两极分化过分发展的。所以要对资本主义因素加以适当的调节和限制。如果我们细心考察我国的根本大法就会发现,《宪法》已经对这个事情有了规定和对策。就是对基本经济制度规定了公有制为主体,对分配制度规定了按劳分配为主。这些规定就是为了节制私有经济和按资分配的资本主义因素的过度发展,使其不致超过公有制为主体和按劳分配为主的地位,并演变为私有化、两极分化和社会变质。问题在于是不是认真按照《宪法》规定的原则去做。只有认真、坚决、彻底贯彻实行《宪法》的这两条规定,我们才能够在社会主义初级阶段保证社会主义本质的逐步真正实现。不然的话,就会发生前述邓小平假设的前景后果,那是我们必须防止出现的。

（此文是作者于 2012 年 12 月 9 日在中国人民大学"政治经济学评论"颁奖会上的发言）

四 中国社会主义市场经济的特色

1992 年,党的十四大首次提出建立社会主义市场经济体制的改革目标,这是我国改革开放历史上的大事,具有里程碑意义。至今,社会主义市场经济在我国已经实行 20 年了。回顾和梳理我国社会主义市场经济目标模式的提出和发展脉络,具有重要的学术价值和现实意义。为纪念经济体制改革目标提出 20 周年,《中国社会科学报》对参加了党的十四大中央文件起草工作的中国社会科学院学部委员、著名经济学家刘国光进行了专访。

"社会主义市场经济"目标模式的提出

《中国社会科学报》:20 年前"社会主义市场经济"是如何创造性地提出来的?

刘国光:社会主义市场经济的目标模式,是经过 14 年改革开放的探索而提出来的。1978 年我们开始改革开放,注重市场调节,走了一大段路。1984 年,党的十二届三中全会提出社会主义经济是"在公有制基础上的有计划的商品经济",是迈向社会主义市场经济理论的重要一步。1987年,党的十三大指出,"社会主义有计划的商品经济体制应该是计划与市场内在统一的体制",还指出,"国家调节市场,市场引导企业",把国家、市场与企业三者关系的重点放在市场方面。1992年初,邓小平同志在南方考察时清楚地指出,计划和市场不是划分社会制度的标志,而是社会主义和资本主义可以利用的手段,并重申"社会主义也可以搞市场经济"。

党的十四大召开之前,起草小组对经济体制改革目标归纳了三种提法:①计划与市场相结合的社会主义商品经济;②社会主义有计划的市场经济;③社会主义市场经济。其中第一种提法是十二届三中全会和十三大表述的综合和发展,第二种和第三种提法是新提出来的。十四大报告中用的是第三种简明扼要的说法。实际上,第二种说法和第三种说法是等同的。时任中共中央总书记的江泽民1992年6月9日在中共中央党校的讲话中谈到社会主义市场经济与计划的关系时指出,"社会主义经济从一开始就是有计划的,这在人们的脑子里和认识上一直是清楚的,不会因为提法中不出现'有计划'三个字,就发生是不是取消了计划性的疑问"①。

这样,十四大改革目标的精神就很完整了:"社会主义市场经济"实质上就是"有计划的市场经济"。之所以在改革目标的表述上没有用"有计划"三个字,主要是由于当时传统计划经济的影响还相当严重,而市场经济的概念尚未深入人心。为了提高市场在人们心中的地位,推动市场经济概念为社会公众所接受,才没有用"有计划"三个字,但加上了"社会主义"四个字作为极有分量的定语,而"社会主义从一开始就是有计划的"。

既不迷信市场,也不迷信计划

《中国社会科学报》:至今,我们的市场化发育到了什么程度?我们对市场的认识到了什么深度?

刘国光:前几年,有人估计,从总体上说,中国市场经济在整体上已达70%左右,可以说,社会主义市场经济已经初步建立。当然,目前市场还有一些不到位的地方,比如资源要素市场、资本金融市场等,需要进一步发展到位;也有因为经验不成熟而发生的过度市场化的地

---

① 《江泽民文选》第一卷,人民出版社,2006,第202页。

方,如教育、医疗、住宅等领域。市场化不足和市场化过度的问题都需要继续调整完善,但已不属于传统计划经济向市场经济转换的主流。至今,市场的积极作用和消极作用已经比较充分地显露出来。市场的优越性主要表现在激励竞争、优化资源配置等方面。而在总量平衡、环境资源保护、社会公平分配等方面,市场有其固有的缺陷,这些问题不是市场能够自行解决的,这与市场经济本身的缺陷和国家宏观计划调控跟不上市场化的进程有很大的关系。

现在市场经济体制在我国已经实行 20 年,计划离我们渐行渐远。由于历史原因,我们曾经过于相信计划经济。时过境迁,有些人从一个极端走到另一个极端,从迷信计划变为迷信市场,出现盲目崇拜市场经济的市场原教旨主义观点,犯了市场幼稚病,认为市场可以解决一切问题,认为现在出现的问题是由于市场化改革没有搞彻底。有人认为,我国市场化发育不够,国家干预过多;我国现在搞市场化改革,计划不值一提。更有人提出中国要效仿欧美自由市场模式,主张完全自由化。这些人不断叫卖奥地利资产阶级经济学家哈耶克反社会主义、反计划的观点。其实,计划和市场各有利弊。要尊重市场,而不要迷信市场;不要迷信计划,但不能忽视计划。

简单说来,计划的长处就是能在全社会的范围内集中必要的财力、物力、人力,办几件大事,还可以调节收入,保持社会公正。市场的长处就是能够通过竞争,促进技术和管理的进步,实现产需衔接。但是,计划和市场都不是万能的。有这么几件大事不能交给市场去管:一是经济总量的平衡;二是大的经济结构的及时调整;三是竞争导致垄断问题;四是生态环境问题;五是社会公平问题。这些问题都得由国家的宏观计划调控来干预。但是,计划工作也是人做的,人不免有局限性,有许多不易克服的矛盾,比如主观与客观的矛盾:一是由于主观认识落后于客观发展的局限性;二是由于客观信息不对称和搜集、传递、处理上的局限性;三是利益关系的局限性,即计划机构人员观察问题的立场、角度受各种社会势力和利害关系的约束等。这些局限性都可能使宏观计划管理工作偏离客观情势和客观规律,造成失误。所以,要不断提高认识水平和觉悟水平,改进我们的宏观计划管理工作,使之符合客观规律和情势的要求。

总之,我们要实行市场取向的改革,但不能迷信市场;要坚持宏观计划调控,但不能迷信计划。我从 1990 年起一再提出的这个观点,是符合小平同志 1992 年谈话关于计划和市场都可以用的思想,而且是顺应前述十四大关于改革目标模式的精神实质的。

计划与市场在更高层次上的结合

《中国社会科学报》:如何实现计划和市场在更高层次上的结合呢?

刘国光:马克思主义认为,在共同的社会生产中,国民经济要实行有计划按比例的发展。"有计划按比例的发展"就是"持续稳定协调的发展",它不等于传统的行政指令性的计划经济。30 多年来,我们革除传统计划经济的弊病,适应初级阶段的国情,进行市场取向的体制改革,在 20 年前开始建立社会主义市场经济体制,但是不能丢下公有制下有计划按比例的经济规律。加强国家计划对宏观调控的导向地位,就是为了践行这条规律。

党的十七大提出,"发挥国家发展规划、计划、产业政策在宏观调控中的导向作用,综合运用财政、货币政策,提高宏观调控水平"。强调国家计划在宏观调控中的导向作用,有人认为这是恢复到过去的"传统计划经济",这是一种误解。而实际上,这是计划与市场在改革的更高层次上的结合。第一,现在的国家计划不是既管宏观又管微观、无所不包的计划,而是主要管宏观,微观的事情主要由市场去管。第二,现在资源配置的基础性手段是市场,计划是弥补市场缺陷的必要手段。第三,现在的计划不再是行政性的,而是指导性的、战略性的、预测性的计划,同时必须有导向作用和必要的约束、问责功能。就是说,也要有一定的指令内容,不是编制了以后就放在一边不闻不问了。

从目前来看,在经济工作的某些领域,有些地方的规划缺少约束性、问责性的指标任务;地方规划与中央规划脱节;规划本身多是政策汇编性的。在思想意识中,有些人的计划观念淡化了,这些问题需要解决。

计划是社会主义市场经济宏观调控的"主心骨"

《中国社会科学报》:有人认为,宏观调控是社会主义市场经济和资本主义市场经济的根本区别。请问您怎么看这个问题? 社会主义市场经济的宏观调控与资本主义市场经济的宏观调控有什么区别？

刘国光：十四大报告指出，我国社会主义市场经济是国家宏观调控下，市场在资源配置中起基础性作用。有人误解，这是社会主义市场经济不同于资本主义市场经济的地方。但是，宏观调控在资本主义市场经济国家也是存在的。宏观调控在社会主义市场经济和资本主义市场经济中都有，其本身并不是两者的根本区别。两者的根本区别在于计划性方面，在于计划在宏观调控中的作用方面。国家计划在宏观调控中具有导向作用，这是我国社会主义市场经济的特点。

早在1985年巴山轮会议上，匈牙利经济学家柯尔耐提出所谓的BⅡ模式，即"宏观调控下的市场协调模式"。当时，法国经济学家阿尔伯特说，法国就是实行这种模式。资本主义市场经济的宏观调控主要依靠财政政策和货币政策。少数市场经济国家，如日本、韩国、法国，设有"企划厅"之类的机构，编有零星的预测性计划。英、美等多数市场经济国家没有采取计划手段来调控经济。

当时中国社会科学院与会同志在评述巴山轮会议的

文章《经济体制改革与宏观经济管理》①中指出,要划清社会主义国家宏观调控下的市场经济同资本主义国家宏观调控下的市场经济的界限。作为社会主义国家改革目标的体制模式,必须坚持社会主义原则,即公有制经济为主体和共同富裕,同时绝不能把国家的计划指导抽象掉。所以,社会主义宏观调控还有一个国家计划指导手段。也就是说,我国作为社会主义国家,在宏观调控中除了运用财政和货币政策外,在公有制经济为主体的基础上,还有必要也有可能在宏观调控中运用计划手段。因此,在构建市场经济体制时,我们还是保留了国家计划调控的功能,如编制年度计划、五年计划(目前改称为"规划")等,保留了发改委这样庞大的机构。

十四大报告还明确指出,"国家计划是宏观调控的重要手段之一",社会主义市场经济体制是同社会主义基本经济制度结合在一起的。在财政、货币、计划三者的关系中,计划是财政、货币政策的指导,财政、货币政策要有国

①《刘国光文集》第四卷,社会科学文献出版社,2006,第232~234页。

家计划的导向。因此,国家计划与宏观调控是不可分离的,可以说,国家计划是宏观调控的"主心骨"。这就是社会主义市场经济的宏观调控不同于资本主义市场经济宏观调控的地方。

坚持社会主义初级阶段的基本经济制度

《中国社会科学报》:从根本上说,我国社会主义市场经济与资本主义市场经济有什么不同?

刘国光:首先,两者的根本区别是基本经济制度不同。十四大报告明确宣布,"社会主义市场经济体制是同社会主义基本制度结合在一起的"。我国社会主义市场经济的制度基础是社会主义初级阶段的基本经济制度,即公有制为主体、多种所有制经济共同发展。坚持这一基本经济制度是维系社会主义市场经济的前提条件。资本主义市场经济的制度基础是资本主义私有制。这是最根本的一面。

党的十七届五中全会指出,"要坚持和完善社会主义基本经济制度"。这是很有针对性的。大量言论和事实表明,当前私有化的危险倾向确实存在。私有化的主张者不仅要求国有经济完全退出竞争领域,还要求国有经济退出关系国民经济命脉的重要行业和关键领域,让位给私人经济。

在社会主义市场经济中,国有经济的作用不是像在资本主义制度中那样,主要从事私有企业不愿意经营的部门、补充私人经济和市场机制的不足,而是为了实现国民经济的持续稳定协调发展,巩固和完善社会主义制度。为了实现国民经济的持续稳定协调发展,国有经济就应主要集中于能源、交通、通信、金融、基础设施和支柱产业等关系国民经济命脉的重要行业和关键领域,在这些行业和领域应该有"绝对的控制力""较强的控制力","国有资本要保持独资或绝对控股"或"有条件的相对控股",以利于对国民经济有计划的调控。此外,国有经济还肩负着保证社会公平正义的经济基础责任。对那些在政府调控经济中可能不太重要,但是对于保障公平正义非常重要的竞争性领域的国有资产,也应该视同重要的和关键的领域,要力争搞好。

当然,竞争性领域应当对私营企业完全开放,尽量让它们相互竞争,并与国企平等竞争。要从制度和政策等方面,保障和发挥私有经济在竞争性市场领域中的积极作用。应当充分肯定包括私有经济在内的非公有制经济在促进我国生产力发展中的积极作用。但私营经济具有两面性,它除了有利于发展生产力之外,还有剥削性的消极的一面。针对其两面性,除了引导它们在适当的行业合法经营、健康发展外,还要对其不合法、不健康的经营行为进行限制,对其经营领域进行节制。

应当明确的是,在有关国家安全和经济命脉的战略性部门及自然垄断产业,问题的关键不在于有没有垄断,而在于谁来控制。一般来说,这些特殊部门和行业,由公有制企业经营要比由私有制企业经营,能更好地体现国家的战略利益和社会公众利益。当然,行政性垄断的弊病是应当革除的。当前国企收入分配改革中的焦点是,调整高管薪酬待遇,杜绝市场化改革以来国企利益部门化、私利化弊端。需要注意的是,这些弊病在市场化以前的原有体制中,并未见显现,这是值得研究和借鉴的一个问题。

坚持改革的社会主义市场经济方向

《中国社会科学报》:20年前,邓小平"南方谈话"时强调,不改革开放就是"死路一条",时下重温这一论断,请您谈谈您的感触。

刘国光：理解伟人的话，千万不要断章取义，这是首要的问题。全面理解邓小平关于"死路一条"的表述，要注意到他的这一论断有着极其重要的前提条件。原话是这样说的："要坚持党的十一届三中全会以来的路线、方针、政策，关键是坚持'一个中心、两个基本点'。不坚持社会主义，不改革开放，不发展经济，不改善人民生活，只能是死路一条。"① 可以看到，严格地讲，简单说不改革开放就是"死路一条"，这种认识和理解是不准确的、片面的，实际上是没有全面坚持邓小平的讲话精神。应该说，不坚持社会主义方向的改革开放，走资本主义道路的改革开放，才是"死路一条"。这个问题太重要了，关系到改革开放的方向，关系到我们社会主义国家的前途和十几亿人民的命运。

《中国社会科学报》：请您具体谈谈改革开放的方向问题。

刘国光：有资本主义方向的改革，也有社会主义方向

---

① 《邓小平文选》第三卷，人民出版社，1993，第370页。

的改革。我们的改革，方向是时刻要把握的问题。邓小平曾经指出，"有一些人打着拥护改革开放的旗帜，想把中国引导到资本主义，他是要改变我们社会的性质"。我们的改革从一开始就是市场取向的改革，与此同时，从一开始我们也认定，这场改革是社会主义制度的自我完善。党的十四大明确提出，改革的目标是建立社会主义市场经济，而不是资本主义市场经济。邓小平不止五次讲过，社会主义有两个根本原则，一个是公有制为主体，一个是共同富裕，不搞两极分化。而邓小平的这一思想，正是中国特色社会主义理论的精髓。

现在，讲改革开放的时候，很少提"社会主义制度的自我完善"了，坚持"四项基本原则"也不提或者淡化了。有时候只是一笔带过。因此很有必要重申并强调坚持四项基本原则，强调公有制经济为主体和共同富裕的两个根本原则。目前，公有制经济在全国经营性资本总额中的比重降低，国家经济命脉中，国有经济的主导作用和控制力也明显削弱。我们在20世纪80年代考察过法国的国有企业。当时法国国有企业在全国经济中占的比重是，营业额是21%，增加值是28%，工业中营业额占

42%。可以看到,我国国有企业在国民经济中的比重,比当代资本主义国家的国有垄断资本曾达到的比重还要低。过去三十多年改革开放中,我们把主要精力放在做大"蛋糕"上,没来得及分好"蛋糕",以至于贫富差距不断扩大,两极分化趋势明显。今后一个时期,我们要把分好"蛋糕"放在经济建设中更加重要的地位。

(此文为《中国社会科学报》记者专访,刊载于该报 2012 年 9 月 12 日 A04 版)

五　市场经济与社会主义

编完《社会主义市场经济理论问题》文集之际,看到一篇文章:《抛弃"唯市场经济论"》①。这篇文章指出,极力鼓吹全面实现市场经济的某些人士,依据强加于邓小平头上的伪市场经济理论,在中国推行实际上以削弱公有制经济为目的,全面实现私有化的市场经济。该文作者用邓小平关于市场经济"最集中、最明确的两处论述"为例,作了分析。第一处是:"社会主义为什么不可以搞市场经济? 社会主义也可以搞市场经济。"第二处是:"计划经济不等于社会主义,资本主义也有计划;市场经济不等于资本主义,社会主义也有市场。计划和市场都是经济手段。"从这两处分析,都"得不出社会主义一定要搞市场经济的结论"。"既然计划和市场都是经济手段,而手段不是体制,所谓'建立市场经济体制'是违背邓小平原意的。"

---

① 人民日报《思想理论动态》杂志,2012 年第 40 期。

该文作者认为,从邓小平上述两处集中论述市场经济的话语中,分析不出"社会主义一定要搞市场经济的结论",似乎可以自圆其说。但是,他又说建立市场经济体制是违背邓小平的原意,则与事实不符。据《邓小平年谱》载,中共十四大前夕,1992 年 6 月 12 日,邓小平"同江泽民谈话,赞成使用'社会主义市场经济体制'这个提法",并说,"如果大家都同意,十四大就以这个为主题"[①]。10 月 19 日,"看了中共十四大闭幕的有关报道后说:真是群情振奋!下午和出席十四大的全体代表会面,对江泽民说:这次大会开得很好"。[②] 这些情况表明,建立市场经济体制并非违背邓小平的原意,而是在他积极支持下由十四大制定通过的。

这里要注意一个不可忽视的要点。即在邓小平所赞成的和十四大提出的"市场经济体制"前面,有一个极重要的定语:"社会主义"。上述文章的作者也认定,按照小

①《邓小平年谱 1975～1997》(下),中央文献出版社,2004,第 1347～1348 页。

②《邓小平年谱 1975～1997》(下),中央文献出版社,2004,第 1355 页。

平同志社会主义也可以搞市场经济的论述来理解,首要的前提也是"社会主义",其次才是"市场经济",其目的是发展和完善社会主义,而不是削弱"社会主义"。① 这个理解是正确的,本书作者赞同这一见解。

作为中国经济体制改革的目标,市场经济的前面要不要加上"社会主义"几个字,这不是一个小问题。它关系到我们要建立的市场经济的性质,关系到我们经济体制改革的方向。"十四大提出建立社会主义市场经济体制的改革目标以后,有些人老是提出这样的问题:你们搞市场经济好啊,可是为什么还要在前面加上'社会主义'几个字,他们认为'社会主义'几个字是多余的,总是感到有点不顺眼,不舒服。"这句话是 1994 年 12 月一位中央领导人在天津考察工作时讲的,可是到现在,他指出的现象,还在不断地反反复复。有些人认定,市场经济就是普世的市场经济,没有什么资本主义市场经济和社会主义市场经济之分。中国只要有"市场化改革"就行了,反对市场改革的社会主义方向。还是那次天津讲话正确地指出,"我们

① 《思想理论动态参阅》1912 年第 10 期,第 26 页。

搞的是社会主义市场经济,'社会主义'这几个字是不能没有的,这并非多余,并非画蛇添足,而恰恰相反,这是画龙点睛。所谓点睛,就是点明我们市场经济的性质"。①

有些人反对讲姓"社"姓"资",是打着邓小平的旗号,说什么思想解放就是要从姓"社"姓"资"的思想束缚中解放出来,歪曲了邓小平讲话的原意。邓小平不是不讲姓"社"姓"资",他只是在提出计划、市场问题时讲到"资本主义也有计划,社会主义也有市场,都是手段",意思是在这个问题上,不要纠缠姓"社"姓"资"。仅此而已,哪里是一般地讲不要讲姓"社"姓"资"? 在提到"要害是姓'资'还是姓'社'"之后,他接着还特别强调判断改革开放是非的标准,应该主要看是否有利于发展社会主义社会的生产力和是否有利于增强社会主义国家的综合国力等。在这些原则问题上,邓小平分明是讲姓"社"姓"资"的。他一再强调(据查至少讲过五次)要坚持社会主义的两个根本原则,即公有制为主体和共同富裕、不搞两极分化,他

① 江泽民:《论社会主义市场经济》,中央文献出版社,2006,第 202 ~ 203 页。

怎么会一般地反对区别姓"社"姓"资"呢。邓小平还尖锐地指出过："有一些人打着拥护改革开放的旗号,想把中国引导到资本主义,他是要改革我们社会的性质。"那些反对在"市场经济"前面加上"社会主义",反对姓"社"姓"资"的人士,不正好可以列入邓小平这个讲话所指"一些人"的队伍中去么?

以上的随笔,并不是这本文集题外之语。这本文集选辑的文章,围绕的主题,就是要阐明中国经济体制改革中"社会主义"与"市场经济"的关系,即借用市场经济的手段,来完善和发展中国社会主义经济制度。

本专题文集选辑的文章,都是 20 世纪 90 年代以来的作品。最早的两篇写于中共十四大前(1991 年、1992 年),当时"社会主义市场经济体制"尚未正式提出,或者正在酝酿提出;两篇文章分别以"社会主义商品经济理论问题"和"社会主义市场经济理论的几个问题"为题,具有全书"导论"的味道。这两篇以后的文章,除了第三篇《实现由计划经济向社会主义市场经济的历史转轨》一文以外,其他全部都是 2000 年以后的作品。此时社会主义市场经济体制经过了若干年的试行和发展,其获得的巨大成就与积累的众多问题,已经到了可以初步总结的地步。在对社会主义商品市场理论的确立和社会主义市场经济体制的缘起进行回顾之后,本文集第三篇展开了对社会主义市场经济是"社会主义"与"市场经济"的有机统一这一主题的分析,明确我国市场取向政策的目的是社会主义经济制度的自我完善,而不是演化转变为资本主义。接着在以下诸篇,分解社会主义市场经济(区别于资本主义市场经济)的三个基本特征,逐一分析说明。这三个基本特征是:第一,在所有制结构上,社会主义市场经济是以公有制经济为主体,多种所有制经济共同发展的社会主义基本经济制度为其制度基础的;第二,在经济运行机制上,社会主义市场经济是有计划的,即在国家宏观计划调控下,发挥市场在资源配置中的基础性作用;第三,在追求目标上,社会主义市场经济力求效率与公平并重,更加重视社会公平,最终实现共同富裕。

十分明显,多年来在这三个方面理论界的纷争,与在"市场经济"和"社会主义"要不要结合统一起来这一根本问题上的纷争,是同样的激烈。同"社会主义市场经济"的上述正解相反,从反对方向来的意见也是三条:第一,反对以公有制经济为主体,主张私有化;第二,反对国家宏观计划调控和政府对经济的监督管理,主张完全的自由化;第三,反对共同富裕,主张两极分化。当然,这是就其实质倾向而言。可想而知,没有人敢于公开提出反对共同富裕,宣扬两极分化的主张。但是确有某种既得利益集团势力及其在政界的代理人和学界的代言人,变相宣扬他们抵制共同富裕和推行两极分化的理论和政策。

　　针锋相对的理论纷争,当然有理论是非问题,需要辨别清楚。但是更大程度上这是当今中国社会不同利益集团势力的对决。反对市场经济与社会主义相结合,主张私有化、自由化和两极分化的声音,虽然有雄厚的财富和权力的实力背景,但毕竟只代表极少数人的利益。而主张"市场经济"必须与"社会主义"相结合,以公有制为主体,以国家宏观计划调控为指导和以共同富裕为目标的声音,则代表了工农大众和知识分子群体的期望。中国经济改革的前景,不取决于争论双方一时的胜负,最终将取决于广大人民群众的意志。

该书的最后部分附录了九篇文章。其中前五篇反映了改革开放初期(十四大以前)作者对计划与市场关系的理解。后四篇是在近几年写的文章,涉及的问题较为广泛,与本文集主体部分讨论的问题有密切关系,但不好列入各篇分类标题所属范围。谨附录于此,供研究参考。

　　(此文是作者著《社会主义市场经济理论问题》文集自序,该书由中国社会科学出版社 2013 年出版)

六 公有制是社会主义初级阶段基本经济
制度的基石

1. 社会主义初级阶段理论的形成和基本经济制度的提出

社会主义初级阶段理论来源于马克思主义。马克思、恩格斯将共产主义社会分为两个阶段,社会主义是共产主义的初级阶段。列宁有新经济政策过渡的实践,相当于社会主义初级阶段的试验。毛泽东把社会主义划分为"不发达的社会主义"和"比较发达的社会主义"[①],不发达的社会主义就是社会主义初级阶段。具体分析一下社会主义初级阶段这个概念所包含的基本理论观点,不难看出它是对马克思主义关于未来社会发展阶段思想的深化。社会主义初级阶段包含两个理论命题:第一,在一定条件下,经济、文化较不发达国家可以不经过资本主义的充分发展而进入社会主义;第二,在任何条件下,生产力

---

① 《毛泽东文集》第八卷,人民出版社,1999,第116页。

的发展阶段都是不可逾越的。可以说,这是马克思、恩格斯的一贯主张。社会主义初级阶段论的形成是对马克思主义不断革命论和革命发展阶段论的具体运用。马、恩、列、毛的有关论述,为我们党在十一届三中全会以后提出社会主义初级阶段的科学论断提供了重要的理论根据。

社会主义初级阶段理论正式形成的过程,首先是1981年十一届六中全会通过的《关于建国以来党的若干历史问题的决议》,首次提出我国社会主义制度还处于初级阶段。其次是1987年中共十三大,社会主义初级阶段理论确立。邓小平在十三大召开前指出:"党的十三大要阐述中国社会主义是处在一个什么阶段,就是处在初级阶段,是初级阶段的社会主义。社会主义本身是共产主义的初级阶段,而我们中国又处在社会主义的初级阶段,就是不发达的阶段。一切都要从这个实际出发,根据这个实际来制订规划。"①到了1997年9月,党的十五大制定了党在社会主义初级阶段的基本纲领,精辟地回答了什么是社会主义初级阶段,中国特色社会主义的经济、政

---

① 《邓小平文选》第三卷,人民出版社,1993,第252页。

治和文化,以及怎样建设这样的经济、政治和文化。

在社会主义初级阶段,我国应该建立怎样的所有制结构,确立什么样的基本经济制度,党的认识也经历过了一个逐步深化的过程。1981年7月国务院颁布的对城镇非农业个体经济作出若干政策性规定。1982年党的十二大指出社会主义国营经济在整个国民经济中占主导地位,首次在代表大会文件中明确提出鼓励个体经济发展并且扩展到农村地区。1987年1月,中央发布《把农村改革引向深入》文件,提出对私营经济"应当允许存在,加强管理,兴利抑弊,逐步引导"。一方面,肯定了私人企业的合法性;另一方面,也指出私人企业同公有制经济是有矛盾的,它自身也存在弊端,要加以调节和限制。

1987年十三大报告第一次公开明确承认私营经济的合法存在和发展。认为私营经济"是公有制经济必要的和有益的补充"。1992年,党的十四大报告中指出:"以公有制包括全民所有制和集体所有制经济为主体,个体经济、私营经济、外资经济为补充,多种经济成分长期共同发展"。

正式提出初级阶段基本经济制度概念的是1997年

的十五大报告。报告提出"公有制为主体、多种所有制经济共同发展,是我国社会主义初级阶段的一项基本经济制度",同时承认"非公有制经济是我国社会主义市场经济的重要组成部分",进一步提升了非公有制经济地位,使非公有制经济由体制外进入体制内。至此,社会主义初级阶段基本经济制度正式确立。

2002 年党的十六大提出了两个"毫不动摇"的方针,即"必须毫不动摇地巩固和发展公有制经济"和"必须毫不动摇地鼓励、支持和引导非公有制经济发展"。2007 年党的十七大再次重申"要坚持和完善以公有制为主体、多种所有制经济共同发展的基本经济制度"。2010 年党的十七届五中全会提出坚持社会主义基本经济制度,就必须既不能搞私有化,也不能搞单一公有制。这是针对残存的单一公有制传统观念,特别是主要针对近年来出现的私有化倾向而提出来的,十分重要,应该引起注意。

2. 我国实行社会主义初级阶段基本经济制度的依据

基本经济制度决定社会的性质和社会的发展方向。判断社会的性质和发展方向的唯一标准就是看生产资料归谁所有。在社会主义出现以前,人类的所有社会制度都是以生产资料私有制为核心,生产资料公有制是社会主义制度区别于以前一切人类社会制度的根本不同点。为什么我国要实行以公有制为主体、多种所有制经济共同发展的基本经济制度呢?

我国是社会主义国家,必须以公有制作为社会主义经济制度的基础。我国《宪法》规定:"中华人民共和国的社会主义经济制度的基础是生产资料的社会主义公有制,即全民所有制和劳动群众集体所有制。"《宪法》接下来又讲:"国家在社会主义初级阶段,坚持公有制为主体、多种所有制经济共同发展的基本经济制度。"[1]因此,要把"社会主义经济制度"同"社会主义初级阶段的基本经济制度"这两个概念区别开来。"社会主义经济制度"是"社会主义初级阶段基本经济制度"的核心。前者不包括非公有制经济,只有公有制是其基础;而初级阶段的基本经济制度中,包括非公有制经济,但公有制必须占主体地位。"社会主义经济制度"存在于社会主义初级阶段和以后的其他阶段,是不断成熟和发展的过程;而社会主义初

---

① 《中华人民共和国宪法(2004年修订)》第一章总纲第六条。

级阶段的基本经济制度，只反映初级阶段的特点。可以设想，初级阶段结束，非公有制经济不会立即被公有制所取代。进入中级阶段，将是公有制经济进一步发展壮大，所占比重不断提高，而非公有制经济则逐渐减退，所占比重减少的过程。到社会主义高级阶段，社会主义经济趋于成熟，剥削制度和生产资料私有制经济将最终退出历史舞台。

社会主义初级阶段的基本经济制度中之所以包括多种所有制共同发展，允许发展非公有制经济，是由初级阶段的国情决定的。我国生产力发展水平还不高，人口众多，就业空间余地小，经济发展与发达国家的差距还很大，人民日益增长的物质文化需要同落后的社会生产是主要矛盾，解放和发展生产力是我国社会主义的根本任务。因此，只要符合"三个有利于"标准的经济成分就允许和鼓励其发展。个体、私营和外资经济，在其符合"三个有利于"的条件下，就可以成为社会主义初级阶段基本经济制度的构成部分和社会主义市场经济的重要组成部分。

我国还处于社会主义初级阶段，这是实行社会主义基本经济制度的理论和现实依据。但我们必须清楚地认识到,社会主义初级阶段也有一个时限的问题,不可能是无限期的。邓小平在 1992 年"南方谈话"中说,社会主义初级阶段的"基本路线要管一百年,动摇不得"①。这是在当前的社会主义现代化建设过程中要遵循的重要的时间界限。从中国初步建成社会主义的 1956 年算起,到 20 世纪五六十年代后,就要着手向中级阶段过渡。但随着我国生产力的发展、科学技术的进步,一百年的初级阶段期限是有可能缩短的。提出这一点就是为了提醒当代的共产党领导人,不仅要埋头赶路,而且要抬头望远,时刻不要忘记社会主义和共产主义远景目标。在初级阶段的不同发展时期,针对出现的新情况、新问题,党的政策必须做出相应的调整和变化,防止我国走向偏离社会主义的道路。我们党要时刻牢记奋斗的最终目标,牢记为人民服务的宗旨。

3. 坚持基本经济制度首先要巩固公有制的主体地位

社会主义公有制是社会主义制度的基础。公有制为主体也是初级阶段基本经济制度的前提和基础。坚持基

---

① 《邓小平文选》第三卷,人民出版社,1993,第 370~371 页。

本经济制度,首先要巩固公有制为主体这个前提和基础。

"公有制的主体地位主要体现在:公有资产在社会总资产中占优势","公有资产占优势,要有量的优势,更要注重质的提高"①。现在有不少人对公有制是否还是主体有疑虑,主要是对公有制所占的比重即量的方面有疑虑。目前,根据国家统计局的数据,我国国有经济在国民经济中的比重不断下降,宏观上并不存在所谓的"国进民退";微观上国有经济"有进有退",但更多的是"国退民进";个别案例中的所谓"国进民退",多半属于资源优化重组,并非没有道理。我们党一贯强调,公有制比重的减少也是有限制有前提的,那就是不能影响公有制的主体地位。解除人们疑虑的办法之一,就是用统计数字来说明,坚定人们对社会主义初级阶段基本经济制度的信心。

公有资产占优势,更重要的表现为质的优势,即关键性的涉及经济命脉、战略全局和国民经济发展方向的生产资料占优势,而不是一般的微不足道的生产资料占优势;是先进的具有导向性控制性的生产资料占优势,并且

---

① 《十五大以来重要文献选编》(上),人民出版社,2000,第 21 页。

不断提高进步发展壮大,而不是落后的东西占优势。这样它才能控制经济命脉,对国民经济起主导作用,有强大的控制力、决定力、示范力和促进力。

所以,初级阶段基本制度不但要求公有制经济占主体地位,而且要求国有经济对国民经济起主导作用,国家应控制国民经济命脉,国有经济的控制力、影响力和竞争力得到增强。在社会主义经济中,国有经济不是像在资本主义制度下那样,主要从事私有企业不愿意经营的部门,补充私人企业和市场机制的不足,而是为了实现国民经济的持续稳定协调发展,巩固和完善社会主义制度。为了实现国民经济的持续稳定协调发展,国有经济应主要集中于能源、交通、通信、金融等基础设施和支柱产业中。这些都是关系国民经济命脉的重要行业和关键领域,在这些行业和领域中,国有经济应该有"绝对的控制力""较强的控制力","国有资本要保持独资或绝对控股"或"有条件的相对控股"[①]。这些都是中央文件所规定和强调的。国有经济对这些部门保持控制力,是为了

----

① 《十五大以来重要文献选编》(下),人民出版社,2003,第2587页。

对国民经济有计划地调控,以利于它持续稳定协调发展。

关于国有经济控制力应包括的范围,有一种意见是值得注意和研究的。这种意见把国有经济的社会责任分为两种,一种是帮助政府调控经济,另一种是保证社会正义和公平的经济基础。前一种作用普遍适用于社会主义国家和现代资本市场经济国家,而后一种作用则是社会主义国家独有的。"按照西方主流经济学的观点,在一定条件下国有经济有助于政府调控经济,但是 OECD 国家的私有化证明,即使以垄断性的基础产业为主要对象进行了私有化,国有经济到了 10% 以下的比重以后,政府照样可以运用各种货币政策、财政政策、产业政策和商业手段等有效地调控经济。但是社会正义和公平,却是高度私有化的经济和以私有化为主的混合经济解决不了的老大难问题"。"在中国坚持社会主义市场经济的改革方向中,增强国有资本的控制力,发挥其主导作用,理应包括保障、实现和发展社会公平的内容和标准。对那些对于政府调控经济不重要但是对于保障社会正义和公平非常重要的竞争性领域的国有资产,也应该认为是'重要'的国有资产,要力争搞好,防止出现国资大量流失那种改革失控,随意实行大规模'转让'的偏向"。①

  基于国有经济负有保证社会正义和公平的经济基础的社会责任,国家要保障在公益服务、基础设施、重要产业的有效投资,并不排除为解决就业问题在劳动密集领域进行多种形式的投资和运营。在保障垄断性领域国有企业健康发展的同时,还要保障在竞争性领域国有企业的发展,发挥他们在稳定和增加就业、保障社会福利和提供公共服务上的作用,增强再分配和转移支付的经济实力。有竞争力的国有企业为什么不能在竞争性领域发展,利润收入只让私企独占? 其实,中央对竞争性领域的国有经济一向坚持"有进有退",发挥其竞争力的政策,而绝不是"完全退出"竞争性领域的政策,像一些新自由主义的精英们和体制内的某些追随者喋喋不休地说教的那样。我国这样一个社会主义大国,国有经济的数量底线,不能以资本主义国家私有化的"国际经验"为依据。确定国有经济的比重,理应包括保障、实现和发展社会公平和

---

① 夏小林:《非国有投资减缓,后效仍需观察》,《中华工商时报》2007
年 1 月 31 日。

社会稳定的内容，所以国家对国有经济控制力的范围，有进一步研究的必要。

4. 正确处理公有制经济与非公有制经济的关系

谈基本经济制度，不能不谈私有经济，私有经济是非公有制经济的一部分。其与公有制主体经济的共同发展，构成我国社会主义初级阶段的基本经济制度。非公有经济在促进我国经济发展，增加就业，增加财政收入，满足社会各方面需要方面，不仅在当前，而且在整个社会主义初级阶段的历史时期内，都有不可缺少的重要积极作用，因此我们必须鼓励、支持和引导非公有制经济发展，而不能忽视它、歧视它、排斥它。所以，党和政府对非公有制包括私有制经济非常重视，对它们的评价，从十三大、十四大的"公有制经济的补充"，到九届人大二次会议称为"社会主义市场经济的重要组成部分"，十六大党还提出了"两个毫不动摇"，足见中央充分肯定非公有制包括私有制经济的重要作用。

但我们应该把私有经济的性质与作用分开来讲。只要是私人占有生产资料，雇用和剥削劳动者，它的性质就不是社会主义的。至于它的作用，要放到具体历史条件下考察。当它处于社会主义初级阶段,适合生产力发展的需要时,它还起积极作用,以至构成社会主义市场经济的一个重要组成部分。由于它不具有社会主义的性质,因此不能说它也是社会主义经济的组成部分。某些理论家则把非公有经济是"社会主义市场经济的重要组成部分"偷换为"社会主义经济的重要组成部分",认为"民营经济"(即私营经济)"已经成为"或者"应当成为"社会主义经济的主体,以取代公有制经济的主体地位。这明显地越过了宪法关于基本经济制度规定的界线。

对私有经济,既不应当轻视、歧视,又不应当吹捧护短,那么应当怎样正确对待,才符合坚持基本经济制度的要求呢?毫无疑问,我们要继续毫不动摇地发展私有经济,发挥其机制灵活、有利于促进社会生产力的正面作用。同时,要克服其剥削性产生的不利于社会经济发展的负面作用。如有些私营企业主贿赂政府官员,偷逃税收、压低工资和劳动条件、制造假冒伪劣产品、破坏自然资源环境、借机侵害国有资产,以及其他欺诈行为,都要通过教育监督和法制克服清除。笔者认为,广大私营企业主本着"社会主义建设者"的职业和良心,也一定会赞成这样做,这对私有经济的发展只有好处,没有坏处。

在鼓励、支持私有经济发展的同时,还要正确引导其发展方向,规定能发展什么,不能发展什么。比如竞争性领域,要允许私有经济自由进入,尽量撤除限制其进入的藩篱。特别是允许外资进入的,也应当开放内资进入。而对关系国民经济命脉的重要部门和关键领域,就不能允许私有经济自由进入,只能有条件、有限制地进入,不能让其操纵这些部门和行业,影响国有经济的控制力。私有经济在竞争性领域有广阔的投资天地,在关系国民经济命脉的一些重要部门现在也可以参股投资,分享丰厚的赢利,应当知足了。作为"社会主义建设者"群体和"新社会阶层",私营企业主理当不会觊觎社会主义经济的"主体地位"。但是确有某些自由主义精英明里暗里把他们往这方面推,要教育他们不要跟着这些精英跑。

总之,我们要毫不动摇地发展包括私有经济在内的非公有经济,但这必须与毫不动摇地坚持发展公有制经济并进,并且这种并进要在坚持以公有制经济为主体、国有经济为主导的前提下进行。这样做,才能够保证我国社会主义基本经济制度的巩固和发展永远立于不败之地。

5. 基本经济制度决定了社会主义市场经济是有计划的

马克思主义认为,在共同的社会生产中(即以公有制为基础的社会生产中),国民经济要实行有计划按比例地发展。"有计划按比例"并不等于传统的行政指令性的计划经济。改革开放以来,我们革除传统计划经济的弊病,相应于社会主义初级阶段的基本经济制度,建立了社会主义市场经济体制。基本经济制度以公有制为主体,所以社会主义市场经济就不能丢掉有计划按比例发展规律的要求。

1992 年党的十四大提出建立社会主义市场经济体制的改革目标时,对于提法中没有包含"有计划"三个字,当时中共中央总书记有解释:"社会主义经济从一开始就是有计划的,这在人们的脑子里和认识上一直是清楚的,不会因为提法中不出现'有计划'三个字,就发生是不是取消了计划性的疑问。"①党的十四大之所以在改革目标的表述上没有用"有计划"三个字,这与当时传统计划经济

---

① 《江泽民文选》第一卷,人民出版社,2006,第 202 页。

的影响还相当严重,而市场经济的概念尚未深入人心的情况有关;为了提高市场在人们心中的地位,推动市场经济概念为社会公众所接受,才没有加上"有计划"三个字,但加上了"社会主义"这极有分量的定语,而"社会主义从一开始就是有计划的"!这样,党的十四大改革目标内含公有制为基础和有计划的精神就很完整了。

社会主义市场经济必须有健全的宏观调控体制,这当然是正确的。但是,宏观调控下的市场经济并非社会主义国家经济体制独具的特色,而是资本主义国家也有的。那么,我们社会主义国家宏观调控下的市场经济怎样区别于资本主义国家呢?除了基本经济制度的区别外,就在于社会主义市场经济的基本经济制度是以公有制为主体,因而还有计划性这个特点,还有国家计划的指导。少数市场经济国家,如日本、韩国、法国,都曾设有企划厅之类的机构,编有零星的预测性计划。英、美等多数市场经济国家只有财政政策、货币政策等手段,没有采取计划手段来调控经济。但我们是以公有制经济为主体的社会主义大国,有必要也有可能在宏观调控中运用计划手段,指导国民经济有计划按比例发展。这符合马克思主义有计划按比例发展的原理,也是社会主义市场经济的优越性所在。宏观调控有几项手段,最重要的是计划、财政、货币三者,党的十四大报告特别指出"国家计划是宏观调控的重要手段"①。这里没有说到财政政策、货币政策,不是说财政政策、货币政策不重要,而是财政政策、货币政策是由国家宏观计划来导向的。所以,国家计划与宏观调控不可分,是宏观调控的"主心骨"。宏观调控下的市场经济也可以称为国家宏观计划调控下的市场经济,这就是社会主义市场经济不同于资本主义市场经济的地方。

十七大重新强调国家计划在宏观调控中的导向作用,并不是如某些人所歪曲的那样,"要回到传统计划经济模式"。因为:第一,现在的国家计划不是既管宏观又管微观、无所不包的计划,而是只管宏观,微观的事情主要由市场去管。第二,现在资源配置的基础性手段是市场,计划是弥补市场缺陷的必要手段。第三,现在的计划

---

① 《中国共产党第十四次全国代表大会文件汇编》,人民出版社,1992,第23页。

主要不再是行政指令性的,而是指导性的、战略性的、预测性的计划,同时必须有导向作用和必要的约束、问责功能。由计划经济向市场经济过渡,再到重新强调国家计划在宏观调控中的导向作用,这合乎辩证法的正—反—合规律。这不是回到过去传统的计划经济的旧模式,而是计划与市场关系在改革新阶段更高层次上的综合。

6. 坚持基本经济制度,才能制止两极分化

改革开放三十多年,我国人民生活水平普遍提高,但收入分配中贫富两极分化趋势也越来越严重。现在谈到贫富差距扩大的原因时,人们首先会想到城乡差距扩大、地区不平衡加剧、行业垄断、腐败、公共产品供应不均、再分配调节滞后,等等。这些都有道理,也必须一一应对。但这不是最主要的。造成收入分配不公的最根本原因被忽略了。

收入分配不公源于初次分配。初次分配中影响最大的核心问题是劳动与资本的关系。这就涉及社会的基本生产关系或财产关系问题了。按照马克思主义观点,所有制决定分配制,财产关系决定分配关系。财产占有上的差别,才是收入差别最大的影响因素。西方著名经济学家萨缪尔森也承认,"收入差别最主要的是由拥有财富多寡造成的"①。三十多年来我国贫富差距的扩大和两极分化趋势的形成,除了前述原因外,所有制结构上和财产关系中的"公"降"私"升和化公为私,财富积累迅速集中于少数私人,才是最根本的。

我国社会主义初级阶段经济结构,在改革开放伊始时,还是比较清一色的公有制经济。随着让一部分人先富起来和效率优先政策取向的执行,以私有制为主的非公经济的发展必然超过公有制经济,从而形成了多种所有制经济共同发展的局面。这是有利于整个经济的发展的。但这种私有经济超前发展的势头一直延续下去,"到一定的时候问题就会出来","两极分化自然出现"(邓小平语)②。随着所有制结构的"公"降"私"升,在分配关系上按劳分配的比重就要缩小,按要素(主要是按资本财产)分配的比重就要增加。有人分析,我国现在国民收入

---

① 〔美〕萨缪尔森:《经济学》下卷,高鸿业译,商务印书馆,1979,第231页。

② 《邓小平年谱1975-1997》(下),中央文献出版社,2004,第1364页。

分配已经由按劳分配为主转向按要素(资本)分配为主。[①]
我们从资本积累规律和市场经济发展的一般进程可以知道,这一分配方式所带来的后果,就是随着私人产权的相对扩大,资本财产的收入份额也会相对扩大,劳动的收入份额则相对缩小,从而扩大贫富差距,促进两极分化趋势。我国国民收入中劳动与资本份额变化的统计,证实了上述理论分析。

在调整收入分配关系、缩小贫富差距时,人们往往从分配领域本身着手,特别是从财政税收、转移支付等再分配领域着手,完善社会保障公共福利,改善低收入者的民生状况。这些措施是完全必要的,我们现在也开始这样做了。我们做得还远远不够,还要加大力度。但是,仅仅就分配谈分配,仅仅从分配和再分配领域着手,还是远远不够的,不能从根本上扭转贫富收入差距扩大的问题。还需要从所有制结构,从财产制度上直面这一问题,需要从基本生产关系、从基本经济制度来接触这个问题;只有

---

① 武力、温锐:《1992 年以来收入分配变化刍议》,《中华工商时报》2006 年 5 月 26 日。

从强化公有制的主体地位着手解决这个问题,才能最终阻止贫富差距扩大,实现共同富裕。因此,分配上的状况改善是以所有制上公有制经济的壮大为前提条件的。所有制发展上要扭转"公"降"私"升的趋势,阻止化公为私的所有制结构转换过程。只有这样,才能最终避免贫富的两极分化。邓小平同志强调:"只要我国经济中公有制占主体地位,就可以避免两极分化。"①

邓小平同志又说,"基本的生产资料归国家所有,归集体所有,就是说归公有",就"不会产生新资产阶级"②。这是非常深刻的论断。这指明社会主义初级阶段容许私人产权的发展,容许非劳动要素(主要是资本)参加分配,但这一切都要以公有制为主体和按劳分配为主作为前提,不能让私有制代替公有制为主体,必须扭转按资分配代替按劳分配为主的趋势。那种让私人资本向高利行业渗透(关系国民经济命脉的重要部门和关键领域),那种盲目地、有违社情地鼓励增加"财产性收入"之类的政策,

① 《邓小平文选》第三卷,人民出版社,1993,第149页。
② 《邓小平文选》第三卷,人民出版社,1993,第91页。

只能促使收入差距和财富差距进一步扩大，都应该调整。只要保持这两个主体，贫富差距就不会恶性发展到两极分化的程度，可以控制在合理的限度以内，最终向共同富裕的目标前进。否则，两极分化、社会分裂是不可避免的。所以改革收入分配制度，扭转贫富差距扩大趋势，要放在坚持共和国根本大法的角度下考虑，采取必要的政策措施，保证公有制为主体、按劳分配为主的"两个为主"的宪法原则的真正落实。

（此文原载于《国企》2011 年第 7 期）

七 《公有制为主体，多种所有制经济共同发展规律研究》序言

《公有制为主体，多种所有制经济共同发展规律研究》，是李长征同志作为主持人承担的一个重大科研项目，进行了扎实认真的研究，收获了这一颇有分量的研究成果。

他们希望笔者写一序言，我年事已高，力不从心，已经很难仔细阅读这部篇幅很大的稿子了，只能比较粗略地看一下，简要地谈一点看法。

所有制问题的重要性，在于占主体和主导地位的所有制关系决定着社会的基本性质和发展方向，决定着社会其他一切领域和一切问题的状况。这是历史唯物主义揭示的科学原理，也是全部历史经验和现实经验充分验证了的。

然而，在我国的所有制改革与构建社会主义初级阶段的基本经济制度问题上，改革开放以来呈现出一个非常突出的反差状况，这就是党中央关于这个基本问题的

认识和方针政策是一贯的、非常明确的;然而,理论界和社会上关于这个问题的争论,却是三十多年来持续不断,而且争论是很激烈、很尖锐的。两个情况形成鲜明对比,发人深省。

十一届三中全会以来,我们党认真总结了以往我国在所有制关系问题上的经验教训,就是不能再走那种追求所有制"一大二公"的脱离我国经济社会实际的"老路"了,一定要进行所有制结构调整和内涵改革;但在这场改革中,也不能走"全盘私有化"的"邪路",还必须保持公有制的主体地位,这是保障我国社会性质与改革性质的重大原则问题。

1981 年党的十一届六中全会通过《关于建国以来党的若干历史问题的决议》,确认一定范围的劳动者个体经济是公有制经济的必要补充。1982 年党的十二大报告论述了"国营经济的主导地位和发展多种经济形式的问题",肯定国营经济在整个国民经济中居于主导地位,劳动人民集体所有制的合作经济是农村的主要经济形式,城乡个体经济是公有制经济的必要补充。

1987 年党的十三大报告中进一步提出"社会主义初

级阶段的所有制结构应以公有制为主体",继续鼓励城乡合作经济、个体经济和私营经济的发展,认为私营经济是"公有制经济必要的和有益的补充",中外合资企业、合作经营企业和外商独资企业,"也是我国社会主义经济必要的和有益的补充"。

1992年党的十四大报告对社会主义初级阶段的所有制结构作了这样的概括:"以公有制包括全民所有制和集体所有制经济为主体,个体经济、私营经济、外资经济为补充,多种经济成分长期共同发展,不同经济成分还可以自愿实行多种形式的联合经营。"党的十四届三中全会的《决定》中,进一步明确了"公有制为主体,国有经济为主导"。

1997年党的十五大报告首次提出:公有制为主体、多种所有制共同发展,是我国社会主义初级阶段的一项基本经济制度。非公有制经济是我国社会主义市场经济的重要组成部分。这是十五大在所有制结构问题认识上的重大突破。坚持以公有制为主体、多种所有制共同发展的基本经济制度,这是由我国社会主义初级阶段的基本国情和生产力发展状况所决定的。

2002 年在党的十六大报告中进一步阐明了坚持和完善社会主义基本经济制度的方向问题。首次提出了"两个毫不动摇"方针,即必须毫不动摇地巩固和发展公有制经济和必须毫不动摇地鼓励、支持和引导非公有制经济发展,党的十七大报告重申了坚持基本经济制度和"两个毫不动摇"方针。

但另一方面我们看到,理论界和社会上关于这个基本理论方针问题却一直有不同的声音。一个时期以来,理论界围绕所有制问题展开的争鸣,其观点之对立,认识之差异,实属罕见。在世界社会主义运动遭受重大挫折、处于低潮的情况下,一些人士出现了淡化所有制,不问"姓资姓社"、不管"是公是私"的倾向。混淆不同所有制的性质,混淆所有制性质与其实现形式的联系和区别,混淆社会主义与资本主义的性质,把什么都说成是社会主义。有些学者对社会主义作为一种基本经济制度的传统理念表示怀疑,特别是对公有制作为社会主义基本经济制度的核心和基础表示怀疑。有的学者认为,把公有制和按劳分配作为社会主义的本质,是一种需要抛弃的传统观念,因为它不符合市场经济的要求。有的学者认为,把公有制作为社会主义的本质特征是一种传统的观念，不突破这一点，市场经济就难以建立。在实践中，有些人把国有企业"有进有退"的改革方针变成了"国退民进"，强调国有企业改革就是要退。在"国退民进"这样的情况之下，国有资产会很快消失，变成私有财产。在国有企业重组过程中，一些地方把企业整个卖掉，或者把企业交由私人资本、外国资本控股的趋势是很厉害的。企业改制过程中，实行经营者持大股，那就变成卖给经营者了，有许多股份合作制企业变质了。

坚持社会主义市场经济改革方向的学者和人们，都非常关心我国基本经济制度的客观状况及走向，不少人已经写了文章，强调公有制为主体的重要性，担心基本经济制度出现动摇将产生的严重连锁反应。笔者也曾写文章，希望十八大在讲改革开放时，应重申并强调《宪法》规定的以公有制为主体、国有经济为主导的社会主义基本经济制度不能动摇。目前公有制经济在全国经营性资产总额中的比重远低于临界点，已经无优势可言，国家经济命脉中国有经济的主导作用和控制力也已明显削弱的情势下，尤其要切实制止一切违反《宪法》的政策法令的推行,抵制和削减这类言论主张的影响。[①]

　　鉴于这种激烈论争的状况,人们都在关注着党的十八大对这个重大问题会有怎样的表述,社会上议论纷纷,出现各种猜测。但一些人希望把"公有制为主体"的提法取消的愿望没能实现。十八大报告仍然坚持并强调我们党的一贯提法,在讲到中国特色社会主义制度时,又重申了"公有制为主体、多种所有制经济共同发展的基本经济制度"。党的十八大报告对"两个毫不动摇"方针表述为"要毫不动摇巩固和发展公有制经济,推行公有制多种实现形式,深化国有企业改革,完善各类国有资产管理体制,推动国有资本更多投向关系国家安全和国民经济命脉的重要行业和关键领域,不断增强国有经济活力、控制力、影响力。毫不动摇鼓励、支持、引导非公有制经济发展,保证各种所有制经济依法平等使用生产要素、公平参与市场竞争、同等受到法律保护"。

　　非常明显,党中央对这个重大问题的认识及制定的方针是在不断进展的、逐渐趋向全面系统,直到通盘把握

---

① 刘国光:《端正改革开放的方向》,《经济学动态》2012 年第 7 期。

现阶段的"基本经济制度"问题,虽然具体的提法有一些变化,但"公有制为主体"这一基本点是一直没有变化的,而且非常明确而坚定。这是因为以公有制为主体、多种所有制经济共同发展的基本经济制度是中国特色社会主义制度的基础,是中国特色社会主义道路的根本保障。

我国这场历史性改革是非常深刻的,邓小平称之为"第二次革命",这不是对原来的计划经济体制进行简单的调整和修补,而是要把社会主义基本经济制度与市场经济结合起来,就是要创建社会主义市场经济体制。这是我们经过理论与实践的双重探索而得出的重大结论,是由党的十四大确定的我国经济体制改革的目标模式。这一改革目标的确立,既表明了中国改革的深刻性和创新性,也表明了中国改革的性质和方向。

市场经济有没有性质区别?社会主义市场经济与资本主义市场经济的性质区别是由什么决定的?当改革深入到要搞真正的市场经济的时候,市场经济的性质和所有制与市场经济的关系问题,就成为理论界争论的焦点,这是在所有制及其结构问题上一直存在的激烈争论的延续,这是关系到市场化改革有没有性质区别和方向分歧的问题。

对于这个重大问题,党中央领导一直是非常清楚的。比如一位曾任中央领导的同志1994年12月9日至14日在天津考察工作时曾提出:"我们搞的市场经济,是同社会主义基本制度紧密结合在一起的。如果离开了社会主义基本制度,就会走向资本主义。我们搞的是社会主义市场经济,社会主义这几个字是不能没有的,这并非多余,并非画蛇添足,而恰恰相反,这是画龙点睛。所谓点睛,就是点明我们的市场经济的性质。"[①]后来又多次强调建立社会主义市场经济体制,重要的是要使国有经济和整个公有制经济在市场竞争中不断发展壮大,始终保持公有制经济在国民经济中的主体地位,充分发挥国有经济的主导作用。如果失去公有制经济的主体地位和国有经济的主导作用,也就不可能有社会主义市场经济,更不可能建设有中国特色的社会主义。

非常明确,社会主义市场经济是以社会主义公有制

---

① 江泽民:《社会主义市场经济体制是同社会主义基本制度结合在一起的》,载《论社会主义市场经济》,中央文献出版社,2006。

为主体的生产关系系统与市场经济的历史性结合构成的。这是我们党从开始提出"社会主义市场经济"这个新概念时，就明确指出的它的基本内涵。社会主义市场经济与资本主义市场经济的区别，在于它们的所有制基础不同。

历史已经表明，改革是一直存在方向选择和性质之争的，国内一些学者也或明或暗地主张搞私有制基础上的自由市场经济体制。其主要的手法，是片面强调市场经济，淡化生产关系的区别，淡化基本社会经济制度的区别，放弃把市场经济与社会主义、与公有制结合起来的制度创新，在强调市场经济一般特征和一般要求的旗号下，混淆社会主义与资本主义的区别，混淆公有制与私有制的区别，以达到实行私有化，推行资本主义的目的。一些学者鼓吹市场经济就是市场经济，没有社会主义与资本主义之分；好的市场经济就是法制的市场经济，等等，完全不提市场经济与公有制的结合，以此否认改革的性质区别，否定改革存在方向分歧。

毋庸讳言，一个时期以来，讲改革开放的时候，很少提"社会主义制度的自我完善"了，坚持"四项基本原则"

也不提或者淡化了。不少同志对这种状况心存疑虑。笔者也曾写文章,希望十八大报告要重申党的基本路线,强调四项基本原则,把改革存在性质的区别和方向的选择这个问题讲清楚,不要给别有用心的人有钻空子的余地。①

举国关注并寄予期望的党的十八大对这个重大问题做出了明确的总结,报告指出:"在改革开放三十多年一以贯之的接力探索中,我们坚定不移高举中国特色社会主义伟大旗帜,既不走封闭僵化的老路、也不走改旗易帜的邪路。"在展望我国未来发展时又强调指出,"党的基本路线是党和国家的生命线,必须坚持把以经济建设为中心同四项基本原则、改革开放这两个基本点统一于中国特色社会主义伟大实践"。这就明确告诉人们,社会主义改革运动是存在性质区别与方向之争的,中国特色社会主义道路就是在反对"左""右"两种错误倾向的斗争中开拓发展起来的,在未来的新一轮改革和发展中,我们仍然要继续高度警惕、防止走封闭僵化的"老路",更要继续坚

---

① 刘国光:《端正改革开放的方向》,《经济学动态》2012年第7期。

定地抵御新自由主义等多种非马克思主义思潮误导,不能走"邪路"。

十八大报告强调"要把制度建设摆在突出位置",以制度来保障中国特色社会主义的发展。经济制度与体制方面要更加成熟和成型,就要加快完善社会主义市场经济体制,完善以公有制为主体、多种所有制经济共同发展的基本经济制度,完善按以劳分配为主体、多种分配方式并存的分配制度,完善宏观调控体系,更大程度更广范围发挥市场在资源配置中的基础作用,完善开放型经济体系。

在中国特色社会主义主义制度中,以公有制为主体、多种所有制经济共同发展的基本经济制度是基础,而在基本经济制度中,保持公有制为主体,又具有决定我国社会性质和发展方向,决定社会基本利益格局的作用。只有在公有制为主体、多种所有制经济共同发展的基本经济制度基础上,才能形成按劳分配为主体、多种分配方式的基本分配制度,才能实现初次分配与再分配中的公平与效益的统一,才能使广大劳动者的收入与经济发展同步增长,才能使我国经济增长与发展保持持续增强的动力,才能使国民经济持续健康发展并实现社会和谐。因此，加强对"基本经济制度"的全面深刻研究，就应该是构建更加成熟、更加定型的经济制度的系统工程中的重点工程。

回顾一下对基本经济制度研究的状况，所有制及其结构问题虽然具有极端重要性，但令人遗憾的是对这个问题的研究相当薄弱，还不够深入系统。有关部门本应组织力量进行理论与实践相结合的全面系统研究。但总体来看，理论界对这个重大问题的研究投入的力量还是不够的，虽然一些学者写了不少文章和专著，但系统深入的、有较大分量和影响的著作还不多，特别是从发展规律角度，全面系统地研究以公有制为主体、多种所有制经济共同发展的著作还不多。为了构建更加成熟定型的经济制度，这仍然是一项非常重要的任务。

令人可喜的是，《公有制为主体，多种所有制经济共同发展规律研究》就是一部力图从规律层次、从理论与实际相结合的角度来研究"基本经济制度"的成果。

社会主义初级阶段的基本经济制度问题，内容非常丰富，涉及的问题很多。本书在获得颇多研究成果的同时，对在市场经济条件下如何搞好公有制（包括国有经济、集体经济),特别是对市场经济条件下各类公有经济的内在运行规律的研究,以及如何实现公有经济与非公有经济的共同发展问题,还着墨不多。这可能是他们下一步研究的目标和任务。笔者希望更多的人来研究这些重要问题,为科学揭示社会主义市场经济的经济规律及其体系打下基础。

(此文原是为李长征同志《公有制为主体,多种所有制经济共同发展规律研究》拟的"序言"。成稿于2012年12月。)

八　重视发展集体经济

——在中国经济社会发展智库第六届高层论坛
上的致辞(2012 年)

集体经济是社会主义公有制经济的重要组成部分。改革开放以来,我国城乡集体所有制经济有了很大的发展。论坛选择这个主题,笔者认为非常好,也有重要意义,所以笔者就这方面的问题谈点个人感想。

1. 邓小平同志一贯重视发展集体经济

小平同志反复强调:"一个公有制占主体,一个共同富裕,这是我们所必须坚持的社会主义的根本原则。"在领导中国农村改革和农业经济建设中,他始终坚持这两条根本原则。小平多次讲到,我们的现代化前面要加上"社会主义"四个字,是社会主义现代化。并强调指出:"我国农业现代化,不能照抄西方国家或苏联一类国家的办法,要走出一条在社会主义制度下合乎中国情况的道路。"①

---

① 《邓小平文选》第二卷,人民出版社,1994,第 362 页。

改革开放之初,小平同志在充分肯定家庭联产承包责任制的同时,也明确指出,从长期来看,还是搞集约化,还是搞集体经济。他说:"农村政策放宽以后,一些适宜搞包产到户的地方搞了包产到户,效果很好,变化很快。……有的同志担心,这样搞会不会影响集体经济。我看这种担心是不必要的。我们总的方向是发展集体经济。实行包产到户的地方,经济的主体现在也还是生产队。……只要生产发展了,农村的社会分工和商品经济发展了,低水平的集体化就会发展到高水平的集体化,集体经济不巩固的也会巩固起来"。[1]

经过长期思考,小平同志提出了著名的"两个飞跃"的思想。1990年他指出:"中国社会主义农业的改革和发展,从长远的观点看,要有两个飞跃。第一个飞跃,是废除人民公社,实行家庭联产承包为主的责任制。这是一个很大的前进,要长期坚持不变。第二个飞跃,是适应科学种田和生产社会化的需要,发展适度规模经营,发展集体经济。这是又一个很大的前进,当然这是很长

---

① 《邓小平文选》第二卷,人民出版社,1994,第315页。

的过程。"①当时李先念表示完全赞成这个思想,说这是一个大思想。

到了1992年7月审阅十四大报告稿时,邓小平再一次谈到了这一思想。他说:"关于农业问题,现在还是实行家庭联产承包为主的责任制。我以前提出过,在一定条件下,走集体化集约化的道路是必要的。但是不要勉强,不要一股风。如果农民现在还没有提出这个问题,就不要着急。条件成熟了,农民自愿,也不要去阻碍。北京郊区搞适度规模经营,就是集体化集约化。从长远的观点看,科学技术发展了,管理能力增强了,又会产生一个飞跃。我讲过,农业的改革和发展会有两个飞跃,第一个飞跃是废除人民公社,实行家庭联产承包为主的责任制,第二个飞跃就是发展集体经济。社会主义经济以公有制为主体,农业也一样,最终要以公有制为主体。公有制不仅有国有企业那样的全民所有制,农村集体所有制也属于公有制范畴。现在公有制在农村第一产业方面也占优

---

① 《邓小平年谱(1975~1997)》(下),中央文献出版社,2004,第1310~1311页。

势,乡镇企业就是集体所有制。农村经济最终还是要实现集体化集约化。有的地区农民已经提出集约化问题了。这个问题这次不提也可以,还是巩固承包制,但是以后总会提出来的。"①

农业集体化、集约化,需要随着条件的成熟并根据农民的意愿逐步推进,不能急躁冒进,重复过去人们公社化的错误。就像小平同志在 1983 年总结经验时所说:"根据我们的实践经验,太快不行。我们过去的失误都是由于走得太快。就拿农村政策来说,过去由初级社到高级社就是太快了点。其后,又由高级社进到人民公社,现在看来不是一个成功的试验。"②太快了不行,但是条件具备了,就应该适时地实现。

长期以来,社会各界对于小平同志"两个飞跃"思想尤其是对"第二个飞跃"重视不够,研究宣传不广,落实也不力。我们必须要看到,小平同志关于我国农村改革和发展的"两个飞跃"思想是站在历史的高度观察农村改革

① 《邓小平年谱(1975～1997)》(下),中央文献出版社,2004,第 1349～1350 页。
② 《邓小平思想年谱》,中央文献出版社,1998,第 266 页。

与农业发展得出的结论,经过实践检验证明是符合我国农业发展规律的。因此笔者认为,我们要坚持"两个飞跃"的思想,抓住时机适时实现"第二个飞跃"。现在已经到了实现"第二个飞跃"的时候了。

2. 理直气壮地回应贬损集体经济的错误思潮

当前普遍存在着贬损农村集体经济的种种观点,有三股否定集体经济的思潮值得注意。

一是否定财产不量化到个人的集体经济的思潮。有舆论认为,像南街村、刘庄等全国有数千家农村集体经济没有搞承包制、没有把财产量化到个人的集体经济模式,只是一定历史时期的政治产物,必须彻底否定。这种思潮具有相当的普遍性,也是许多人不敢正大光明地发展集体经济和倡导"两次飞跃论"的重要原因。

对于传统集体经济模式,需要历史地、辩证地看。这种模式的出现,具有一定的历史合理性,在历史上也发挥了一定的积极作用。同时,应该看到,这种集体经济模式,经过改革后,已经焕发出新的生命力了,不少农村已经充分证明了这一点。

二是土地私有化思潮。一些舆论认为,土地不私有化,农民就没有真正的财产,也无法实现抵押金融化,农民收入和一般老百姓收入就难以增长更多,普通人的财产性收入就会很少甚至没有,使中国经济难以朝消费驱动型发展。所以主张在目前土地承包的基础上,让土地真正的私有化,把20世纪50年代从农民手里集体化来的土地还给他们。这种主张是站不住脚的,也是有害的。中国和外国的历史一再证明土地私有化并不能让农民富起来,只能引起土地兼并和贫富分化。如果土地私有化,就彻底否定了农村集体经济,也与改革开放的初衷是相悖的。

三是集体经济低效论和产权不清晰论。这种看法,是一些企图把中国改革引向私有化方向的人士,大肆宣传"公有经济低效论"这个不能成立的伪命题的必然结论。集体经济产权改革成功的实践已经粉碎了这种思潮。

面对贬损集体经济的这些错误观点,理论界要敢于站在马克思主义的角度为集体经济正名,理直气壮地宣传集体经济的优越性,反对集体经济被妖魔化。

3. 发展集体经济的政策性建议

当前集体经济的发展和完善仍然存在不少困难和阻力,在体制、政策、法律和战略指导等方面面临着一系列重大问题,亟待解决。笔者以为其中核心的问题,还是江泽民同志曾经指出的以符合"三有利"原则为准,寻找能够极大地促进生产力发展的集体经济实现形式问题。当然,集体经济涉及城乡、工、农、生产、供销、金融、消费、住宅等多种领域,其表现形式可以多种多样。一切反映社会化生产规模的经营方式和组织形式都可以大胆利用。

为此,提出以下几条建议:

(1)高度重视集体经济发展

集体经济作为我国社会主义基本经济制度的重要组成部分,相对于个体、私营等非公有经济来说,集体经济可以更好地体现社会主义共同致富的原则,可以更广泛地直接吸收社会分散资金,可以较有利于缓解就业压力,可以更有效地增加社会积累和国家税收。总之,集体经济在社会主义市场经济中有着十分重要的作用,我们必须大力支持、鼓励和帮助城乡各种形式集体经济的发展。

(2)加强对集体经济改革与发展的指导和监管

建议有关部门起草发展农村集体经济的文件,核心是如何实现小平同志的第二次飞跃思想。全国成立集体经济领导小组,成员单位由中组部、农业部、中华全国手工合作总社、中华全国供销合作社等单位组成。建议国家统计局、农业部调查全国坚持集体经济发展道路的村庄的具体情况。

（3）加强集体经济理论研究

改革开放以来,鉴于国有经济的关键地位和非公有制经济在我国从计划经济向建立市场经济体制时期的开拓作用,大家的注意力向这两头关注是可以理解的。但是中间一块合作经济或集体经济,它既不是国有又不是非公有,对这一块经济的研究和讨论似乎相对不够。这与改革开放以来我国城乡各种形式的集体经济兴起并将进一步发展这一形势要求不相适应,也与人们对集体经济、合作经济在我国社会主义市场经济中的重要地位认识不足是有关的。理论界应该更加重视合作、集体经济的研究,改变过去所有制结构研究中两头大中间小的"哑铃型"状态。

（4）鼓励探索多种形式的集体经济和合作经济

鼓励各地探索多种形式的社区的和专业的集体经济和合作经济。特别是对劳动者以劳动联合和承包土地联合为主的合作制和在此基础上实行资本联合的股份合作制,尤其要提倡和鼓励。

九 关于国富、民富和共同富裕问题的一些思考

2010 年年底到 2011 年年初,十二五规划制定讨论期间,一个很热闹议论的话题,是"国富"和"民富"的问题。有人说,过去我们长期实行的是"国富优先"而不是"民富优先"的政策导向,造成现在我国"国富民穷"或"国富民不富"的想象。有人说,"国富优先"的政策导向,使国家生产力大大快于民众消费的增加,导致总需求不足。因此要从十二五起,把"国富优先"的政策导向转变为"民富优先"。

在研究制定十二五规划建议的时候,虽然有发改委个别官员讲,十二五规划与前面十一个五年规划的"本质差别是由追求国富转为追求民富",但十二五规划好像并没有明确提出"国富转民富"的方针和字样。我认为有些学者和媒体把"国富"与"民富"并立和对立起来的提法,并不确切。就"国富"来说,经过改革开放,我国的经济实力也就是"国富"确实大大增强了。经济总量已超过日本,跃到世界前二位。但是人均 GDP 不到日本的 1/10,

仍列世界第 100 名之后,所以不能说国家已经很富。就"民富"来说,也不能简单地讲现在是"民不富"或"民穷"。我国人民生活水平总体上比过去有很大提高,部分人群已经很富,甚至富得冒油,堪比世界富豪。据估计,2009 年我国百万美元以上的富豪人数已达 67 万户,居世界第三;资产超十亿美元的富翁人数仅次于美国,名列全球第二。但是大部分国民确实富得不够,甚至很穷。所以一方面内需不足,消费率低;另一方面奢侈品市场热销,居世界第二。一方面"朱门酒肉臭",另一方面在菜市场、超市旁边可以见到拣拾菜帮子过日子的群众,媒体和网络上也有在城镇桥洞、农村陋屋发现饿死人和冻死人现象的报道。所以说,国民有富有穷,不能一概而论,说什么"民穷"或"民不富"。

再说消费率低和内需不足的原因。这不是"国富优先"、"民富滞后"的结果。而是"让一部分人先富起来",而多数群众未能跟着走上"后富",反而陷于相对贫困甚至绝对贫困的结果。按照联合国标准,每日收入 1 美元以下为绝对贫困,2 美元以下为低收入,都属穷人之列。现在估计中国有 1.5 亿人口的每日收入不足 1 美元,属于绝对贫困;有31%的人口即4亿多人每日收入在2美元以下,也都是穷人。中国人民大学教授周孝正估算,城乡合计每日收入2美元以下的人口达10亿人。这些人群收入低,买不起东西,才是消费率低和内需不足的主体。而居民之中另一部分特别富裕人士,他们之中有人可以花400万元买只"藏獒",再用30辆奔驰车去机场接这个宠物;有人可花1000万元买一辆宾利豪华敞篷车,或者花更多的钱置办私人飞机。看来他们不是提高消费率和扩大内需的对象。

再说政策导向,究竟我国过去有没有所谓"国富优先"的政策导向?在笔者的印象中,过去从来没有明确宣布过或者实行过"国富优先"的政策,倒是明确宣布过并实行了"让一部分人先富起来"的政策。如果说这也算是"民富优先",那也只是让一部分人优先富起来的政策。这一部分人主要是私人经营者和有机遇、有能力、有办法、有手段积累财富的人群。应当说,这一政策实行得非常成功。它导致中国经济结构发生了巨大变化,宏观经济上国退民进,"公"退"私"进的结果,使得民营经济在国民经济的比重,由改革开放前的近乎为零,上升到现在已经超过65%。民营私有经济的增长大大超过国有、公有经济的事实，证明了我们这些年实际上实行的不是"国富优先"，而是"民富（当然是一部分'民'）优先"的政策。在社会主义初级阶段，需要放开一些个、私经济，以促进生产力的发展。这种借助让一部分人先富起来以推动经济发展的政策，本来也可以说得过去，是可以尝试的。当初宣布实行这一政策的时候，就曾提出"先富带后富，实现共同富裕"的口号。但是多年的实践证明，"让一部分人先富"的目标虽然在很短的历史时期中迅速完成，但"先富带后富，实现共同富裕"却迟迟不能够自动实现。在市场化、私有化的大浪淘沙下，这也不大可能实现。相反地随着市场化、私有化的发展，贫富差距越来越大，两极分化趋势"自然出现"。反映贫富差距的基尼系数，从改革开放前的0.25，到1992年突破了0.4的国际警戒线；世界银行估计，2009年已达0.47。如果加上漏计的高收入、灰色收入、隐性收入，估计现在已大大超过0.5，远远超出资本主义的发达国家和许多发展中国家。世界银行报告显示，美国是5%的人口掌握了60%的财富，而中国则是1%的家庭掌握了全国41.4%的财富。中国财富的集中度甚至远远超过了美国,成为全球两极分化最严重的国家。

为什么我们在实行让一部分人先富起来的同时,长时间地不能解决先富带动后富实现共同富呢?光用"先做大蛋糕后分好蛋糕要有一个时间过程"来解释,是不足以充分说明的。邓小平早就指出,先由贫富差距的扩大,再到贫富差距缩小的问题,要在世纪之交基本达到小康的时候,就应该着手解决。中国经济发展的实际进程表明,由于中国资本原始积累过程中财富来源路径的特殊性,中国富豪积累财富时间超短。从事财富研究的胡润曾说,在国外,挣一个亿的财富要 15 年,把一个亿的财富变成十个亿要 10 年时间,而中国只要 3 年,比外国短很多。在中国,成功地完成一部分人先富起来的任务所花的时间极短,而先富带后富,实现共同富裕的任务却遥遥无期。一些为财富资本辩护的精英们常常以分配问题复杂为借口,预言需要等待很长的时间才能解决分配公平的问题,要大家忍耐再忍耐,这真是奇怪的逻辑。要知道这是连邓小平也不能容忍的,因为他早就多次要求适时解决贫富差距扩大的问题,并警告说两极分化趋势将导致改革失败的危险后果。

　　为什么社会主义的中国会发生一部分人先富起来很容易，实现社会公平、克服两极分化反而非常困难？笔者认为主要原因之一，在于我们集中精力进行以经济建设为中心的伟大事业以来，把主要的注意力放在效率优先做大 GDP 规模上面，而把社会公平和分配好社会产品的问题放在"兼顾"的次要地位，以至于一些同志逐渐把马克思主义关于社会经济发展规律的一些基本常识也模糊淡忘了。比如说社会主义初级阶段，对于个、私经济是应该允许发展的，但不能忘了列宁指出的小生产时刻不断产生资本主义的规律；再比如说，私人资本是应该允许存在的，但不能忘了马克思早已指出的资本积累必然引起两极分化的规律；再比如说，私营企业主对社会经济发展的贡献是应当承认的，但不能忘了他们作为资产阶级的两面性，特别是其嗜利逐利的本性，这一本性迫使他们不断为占有更多的剩余价值而奋斗，推动社会走向两极分化。"两极分化自然产生"，这是邓小平的又一句至理名言。但我们的一部分同志却竭力回避"两极分化"的字眼。党内一部分有影响的同志淡忘了上述一系列马克思主义关于社会经济发展规律的 ABC，所以在改革开放后实行让一部分人先富起来政策的时候，对于私人资本经济往往偏于片面支持刺激鼓励其发展社会生产力的积极方面，而不注意节制和限制其剥削和导致两极分化后果的消极方面，即与社会主义本质不相容的东西。先富带后富和共同富裕长期难以实现，贫富差距的扩大和两极分化趋势的形成，根本原因就在这里。

目前我国收入分配领域最核心的问题，是贫富差距急剧扩大，两极分化趋势明显。中心的问题不是"国富"与"民富"的矛盾，而是一部分国民先富、暴富与大部分国民不富或贫穷的矛盾。要克服和扭转贫富差距扩大和两极分化的趋势，需要的政策转向，不是"国富优先"转变为"民富优先"，而是明确宣布"让一部分人先富起来"的政策已经完成任务，今后要把这一政策转变为逐步"实现共同富裕"的政策，完成"先富"向"共富"的过渡。

再说，把"国富"与"民富"对立并提，是缺乏科学依据的。"国富"和"民富"是一双相对的概念，二者之间并非完全互相排斥，而是矛盾统一的关系，在一定意义上也可以水乳交融。什么叫"国富"？严复最早翻译亚当·斯密

The Wealth of Nation 一书,中文译名为《国富论》。斯密在这本书里不但讨论了君主或政府(相当于国家)的收入和财富问题,也讨论了工、农、商子民(相当于国民)的收入和财富问题。后来郭大力、王亚南重译此书,书名改成《国民财富的性质和原因的研究》,这样"国富"的含义就推广为"国民的财富"了。但是书里面并没有删掉政府或国家的收入和财富问题,可见 *The Wealth of Nation* 的含义,可以是国家的财富,也可以是国民的财富。国富和民富并不完全是非此即彼的概念。

现在我国流行语汇中的"国富",是什么含义呢?大体上是指政府直接掌握和可分配的收入,相当于斯密书中的第五篇所说君主或国家的收入。斯密讨论了各类名目繁多的税负的利弊,其目的在于试图说明,君主(政府)的收入和国民的收入并非一直是矛盾的。交给国家的收入多了,并不意味着国民的收入就减少了。因为君主和国家需要必要的费用,以保护和增加国民财富。《国富论》用大量篇幅论证了国家的三项基本职能,即保护社会、保护社会里的每一个人、建设公共事业和公共福利设施。如果我们把国家和政府所代表的统治阶级利益和官员的挥霍浪费暂时存而不论,可以说这大体上也是现代国家与国民,政府与人民之间财富与收入关系的写照。

现代国家政府可支配收入转化为居民可直接支配的收入,只是其用于民生支出中的一部分(如补贴、救济、社保等)。其用于公共福利(如教育、文化、卫生等)、基础设施、经济建设、安全保卫、行政管理等费用,其效益虽然是全民共享,但不直接由居民支配而由政府支配。政府可支配收入与居民可支配收入毕竟不是一码事,因此有些同志把居民可支配收入占国民收入之比与政府可支配收入占比的升降,作为"国富"与"民富"对比的评价标志。这一对比有它本身的分析意义,但不能反映收入分配关系的根本问题,即贫富差距和两极分化问题。如前所述,"居民收入"是一个混合概念,居民中包括富民与贫民。从居民收入占比和政府收入占比的对比中,完全看不出贫富差距。贫富差距和两极分化,首先要在居民内部,划分为劳动报酬(劳动力要素所有者的收入)和非劳动报酬(其他非劳动要素特别是资本要素所有者的收入)的对比中表现出来。这才是当今社会分配的核心问题。

若干年来,随着所有制结构的"公"降"私"升,随着市

102

场化大潮中"拥抱资本、疏远劳动"的风气盛行,《宪法》中规定的"按劳分配为主",事实上逐渐被"按资本分配为主"所代替。因此劳动者报酬占比不断下降,而资本所得占比不断上升。由于劳动者报酬在居民收入中占最大份额,劳动者报酬在 GDP 中占比的下降,就决定了居民可支配收入在 GNP 中占比的下降。居民可支配收入占比的下降,主要是由于劳动者报酬占比下降和企业利润所得占比上升造成的,主要不是由政府收入上升所造成的。所以,要扭转居民收入占比的下降趋势,核心问题在于提高劳动者报酬和中低收入者的收入,关键在于调整劳动收入与资本所得的比重,而不在于调整政府收入的比重。

政府收入 GDP 中所占比重,或者所谓"宏观税负"问题,曾是"国富"与"民富"争议中热议的话题。目前我国宏观税负水平是不是过高,肯定的和否定的意见都有。现在以既包括纳入一般预算管理的公共财政收入,又包括政府基金收入、国有资本经营预算收入、社会保险基金收入等宽口径的政府收入来说,财政部业务部门按我国全口径财政收入计算,政府收入占 GDP 比重 2007 年为27.6%,2008 年为 27.9%,2009 年为 30.0%。中国社会科学院财贸所也按 IMF《政府财政统计手册》标准,计算了中国全口径政府收入占 GDP 之比,2007 年为 31.5%,2008 年为 30.9%,2009 年为 32.2%,比财政部的数字稍高。按 IMF《政府财政统计年鉴》对 2007 年 53 个国家宏观税负的计算,这些国家实际宏观税负平均为 39.9%,其中 24 个工业化国家实际宏观税负平均为 45.3%,29 个发展中国家实际平均税负为 35.5%。同这些实际数字比较,我国平均宏观税负即使用社会科学院 2009 年 32.2% 的较高数字,也大大低于工业化发达国家的平均水平,与发展中国家相比也不算高。根据国际经验,随着生产力向发达水平发展,政府承担的社会民生、公共福利和收入再分配等任务越来越重,我国政府收入占比或所谓宏观税负水平,还有继续提升的必要和空间。

所以,目前我国宏观税负问题,主要并不在于政府收入占比高低,而在于财政收支结构是否合理,是否能够通过政府收支的运作,一方面实现"国富"与"民富"的良性交融,另一方面推动"民富"中"先富"向"共富"的转化。目前我国国家财政收支结构上的主要问题,在于财政收入的负担偏重由中低收入者或劳动阶层来承担,而在财政支出的使用上,则用于社会民生和公共福利方面的开支偏低。

我国现行税制的格局是以间接税为主,在税收总额中占七成以上,间接税包括增值税、营业税等税额,隐藏在商品和服务的价格之内,最终由消费者埋单。即使消费者因收入低而免于交纳所得税,他也不能摆脱生活所需的米、油、盐、服装、餐馆用餐、水电煤气等价格与付费中内含的间接税负担。由于低收入者需要将可支配收入的很大部分用于基本生活开支,因此他们承担的间接税负占其收入的比例,要比高收入者为基本生活所承担的税负占其收入的比例大得多。个人所得税收入结构也存在明显的不合理。个税征收对象主要是工薪阶层的劳动收入,而对股息、红利、财产租赁等资本所得征收甚少,占有大量财富的富人只负担了少量税收份额;没有被统计到城镇居民收入中的数额巨大的隐性收入,主要发生在高收入富户,也严重影响了税负公平。在我国财政支出结构上,一方面行政管理开支过高,占国家整个财政支出比重远高于英、日、美等发达国家,每年公车、公款吃喝、公费出国即"三公"费用惊人。另一方面用于教育、医疗和社会保障的公共服务占财政总支出的比重,明显低于人均收入超过 3000 美元的国家。

以上情况表明,如果像一些人士所说,我国宏观税负过高,那也只是对中低收入的劳动阶层负担偏重,而他们应当得到的补偿或该分享的社会福利却感不足;以资本和财产所得为主的富裕阶层的财富收入,则大都游离于国家财政税收调节的国民收入再分配过程之外。这种逆向调节的机制,只能助长贫富差距的扩大,迫切需要扭转。对此一些学者专家都有共识,主张改弦易辙。在财政收入方面,提高直接税收的比重,降低间接税收的比重;在直接税方面,提高资本财产与非劳动所得的税负,考虑家庭负担,降低中低收入者的所得税负;开征遗产税、赠与税等财产税种。在财政支出方面,厉行节约,大力减少行政费用占比,增大社会民生、公共福利、再分配转移支付占比,等等。这些主张集中起来就是要国家财政重回"调节收入分配、促进社会公平"这一方面的职责,问题在于决策决心和实施步骤,需要抓紧进行。

应当指出,缩小贫富差距,扭转两极分化趋势,不能单纯靠国家财政调节手段。贫富差距扩大的原因甚多,如城乡差距、地区不平衡、行业垄断、腐败、公共产品供应不均、再分配调节滞后等等。必须一一应对。但这不是最主要的。按照马克思主义观点，所有制决定分配制；财产关系决定分配关系。财产占有上的差别，才是收入差别最大的影响因素。改革开放三十多年来我国贫富差距的扩大和两极分化趋势的形成，除了前述原因外，所有制结构上和财产关系中的"公"降"私"升和化公为私，财富积累迅速集中于少数私人，才是最根本的。

我国社会主义初级阶段的经济结构，随着让一部分人先富起来和效率优先政策取向的执行，私有经济的发展必然超过公有经济和国有经济，从而形成了多种所有制经济共同发展的局面。这是有利于整体经济的发展的。但这种私有经济超前发展和"公"降"私"升，"国"降"民"升的势头一直延续下去，"到一定的时候问题就会出来"，"两极分化自然出现"①。随着私人产权的相对扩大，资本财产的收入份额会相对扩大，劳动的收入份额则

---

① 《邓小平年谱（1975～1997）》（下），中央文献出版社，2004，第1364页。

相对缩小,从而扩大贫富差距,促进两极分化趋势。

在调整收入分配关系,缩小贫富差距时,人们往往从分配领域本身着手,特别是从财政税收、转移支付等再分配领域着手,完善社会保障公共福利,改善低收入者的民生状况。这些措施是完全必要的,我们现在也开始这样做了,还要加大力度。但是,仅仅就分配谈分配,仅仅从分配和再分配领域着手,还是远远不够的,不能从根本上扭转贫富收入差距扩大的问题。还需要从所有制结构上直面这一问题,需要从强化公有经济为主体,国有经济为主导着手,扭转生产资料所有制"公"降"私"升和"国"退"民"进的趋势,阻止化公为私的所有制结构转换过程。这是调整"国富"同"民富"关系的一个重要方面。小平同志强调,"只要我国经济中公有制占主体地位,就可以避免两极分化。"①又说,"基本的生产资料归国家所有,归集体所有,就是说归公有",就"不会产生新的资产阶级"②。这是非常深刻的论断。这表明,社会主义阶段容许私人

---

① 《邓小平文选》第三卷,人民出版社,1993,第149页。
② 《邓小平文选》第三卷,人民出版社,1993,第91、123页。

产权的发展,容许非劳动要素(主要是资本)参加分配,但这一切都要以公有制为主体和按劳分配为主作为前提。那种让私人资本向高利行业渗透(关系国民经济命脉的重要部门和关键领域),那种盲目地鼓励增加"财产性收入"之类的政策,只能促使收入差距和财富差距进一步扩大,都应该调整。只要保持公有制和按劳分配为主体,贫富差距就不会恶性发展到两极分化的程度,就可以控制在合理的限度以内,最终向共同富裕的目标前进。否则,两极分化、社会分裂是不可避免的。

(此文原载于《经济研究》2011 年第 10 期)

十 把分好"蛋糕"摆在更加重要的地位

改革进入深水区,是时下对中国经济体制改革的一种状态描述。多元复合转型的挑战,要求我们具备整体思维、科学把握的治理能力。中国这个东方国度其实并不缺少经世济国的智慧,在当下,我们缺少的是正确改革的勇气。2012年秋,《董事会》杂志记者与著名经济学家刘国光教授进行了对话。刘教授曾是十二大、十三大、十四大代表,是十四大、十五大、十六大报告起草工作的参与者,对于改革开放的历程较为了解。采访中他明确指出,改革从一开始就是市场取向改革,但也是社会主义制度的自我完善。坚持公有制为主体的基本经济制度,以及共同富裕的改革方向,不能再含糊。

《董事会》:现在关于启动新一轮改革的呼声很高,不少人寄望借此释放新一轮制度红利,为经济社会的可持续发展增添新的驱动力。但是,在核心的改革方向、政策举措上,存在着不同的看法。您认为,现在最迫切、最需要解决的问题是什么?

刘国光：我们的改革从一开始就是市场取向改革。但是，从一开始我们也认定这场改革是社会主义制度的自我完善。党的十四大明确提出改革目标是建立社会主义市场经济，而不是资本主义市场经济。要社会主义的改革开放，要社会主义的市场经济，就不能不把改革开放的方向放在社会主义方面，这里面有两条原则：第一条是坚持公有制为主体的基本经济制度；第二条是共同富裕。这些都是有实实在在的内容，并不是一句空话。

　　《董事会》：提出这种观点的依据是什么？

　　刘国光：社会主义不同于资本主义的本质特征和根本原则，邓小平讲得很清楚。他说，"社会主义与资本主义不同的特点就是共同富裕，不搞两极分化"，"社会主义最大的优越性就是共同富裕，这是体现社会主义本质的一个东西"。为实现这个不同于资本主义的本质特征，公有制经济就要占据主要地位，"只要我国经济中公有制占主要地位，就可以避免两极分化"，最终实现共同富裕。

　　邓小平多次把公有制为主体和共同富裕、不搞两极分化当作社会主义的"两个根本原则"来反复强调。初步统计，他至少讲过五次，比如他讲：社会主义有两个根本原则,一个是公有制为主体,一个是共同富裕,不搞两极分化。邓小平关于社会主义的两个根本原则及其相互之间关系的论述,是邓小平独创,是中国特色社会主义理论的精髓,符合马克思主义。

十八大报告同样要按照这两个根本原则判别是社会主义还是资本主义,判别和把握改革的方向。

《董事会》:目前,有少数领域如能源、烟草等还是国有经济"一统天下",除此之外基本上可以说已经告别了不平等竞争。然而关于消除垄断、准入障碍的呼声仍不绝于耳。在这样的情况下,强调公有制为主体有什么特别的意义?

刘国光:目前公有制经济在全国经营性资产总额中的比重远低于临界点,国家经济命脉中国有经济的主导作用和控制力也已明显削弱的情势下,尤其要切实制止一切违反《宪法》的政策法令的推行,抵制和削减这类违宪言论主张的影响。国有经济为主导的社会主义基本经济制度不能动摇!

正如一位正直的学者所指出的那样,在《宪法》所规定的国家基本经济制度未废除的前提下,由行政部门推行国企私有化,鼓励私人资本进入国民经济命脉关键领域,"不仅违反共和国的根本大法,而且意味着国体根本之变"。

《董事会》:您是指早前曾闹得沸沸扬扬的那个世行报告么?

刘国光:世界银行佐利克的报告,要求中国大规模缩减国有企业。据英文版的该报告建议,国企在工业产值中的比重,应由 2010 年的 27%,压减到 2030 年的 10% 左右。实际上,世行报告是国内极少数自由化官僚精英的主意,借助国际资本的力量,来压制国内反对私有化的浪潮。

2012 年 3 月 17 日在北京钓鱼台召开高层论坛,就有某个"著名学者"跳出来高叫"我必须拥护世行报告提出的一些建议,事实上国有企业已经成为未来中国进一步成长的一个最主要障碍之一,未来希望五年到十年内,应将国有企业比重降到 10% 左右",比世行报告的目标还要提前十至十五年实现,比世行报告还要积极!

中外资产阶级右派精英为中国设计的私有化方案,国有企业在国民经济中的比重,比 20 世纪 80 年代一些主要资本主义国家的国有垄断资本的比重还要低得多。我们当时考察过法国国有企业,它在全国经济中所占的比重,营业额是 21%,增加值是 28%,工业中营业额占 42%。由此看来,这些所谓的中外专家,想要把中国变成什么颜色!中国共产党作为真正的马克思主义政党,对此类现象必然要做出恰当的回击。

《董事会》:您刚才指出,改革开放的重点一个是公有制为主体,另一个是共同富裕。对于后者,就涉及"做蛋糕"、"分蛋糕"的问题了。

刘国光:按照十一届三中全会制定的一个中心两个基本点的基本路线,我们现在乃至今后相当长一段时间还要以经济建设为中心。这是必须要坚持的大方向。但是,以经济建设为中心有两个方面:一个是把蛋糕做大,另一个是将蛋糕分好。不是只做大蛋糕就万事大吉,而不管蛋糕怎么分法。过去三十多年里,我们改革的大部分时间把以经济建设为中心的重点放在做大蛋糕上,放在 GDP 增长上,没有来得及放到分好蛋糕上,以至于贫富差距不断扩大,两极分化趋势明显;在未来一个时期内,我们要克服这个缺陷,把分好蛋糕放在更加重要的地位,也就是说把以经济建设为中心的着力点放在分好蛋糕上,即放在民生和分配上。

什么是社会主义?是一部分人占有国民财富,还是大家占有国民财富?过去把蛋糕做大放到第一位是情有可原的,但现在仍是这样,就应该设法改变了。现在经济增速退下来了,但 GDP 增速在 7% ~ 8% 以上仍是高速增长,在世界上也算高的。但很多人似乎已经坐不住了,着急得不得了,说明我们思想意识上还是唯 GDP,把蛋糕做大放在了第一位。我认为,眼下重点不是做大蛋糕、让少数人分蛋糕;而应该把蛋糕分好,把共富的问题放在第一位,同时要做大蛋糕。否则,经济发展的道路就是少数人得利,而不是多数人得利。

《董事会》:宏观经济潜在增长率下降之后,蛋糕分得好、分得及时,对于扩大内需、对于可持续发展都很有好处。

刘国光:我们的经济在滑坡,给经济增长方式转变带来了压力。几年前我就认为,高速增长的经济应该转为中速,有个 6% ~ 8% 就很好了,发达国家的速度也没有那么高;中速不是低速,只有保持中速才能保证发展方式的转变,这其中也包含了分好蛋糕的问题。

推动经济可持续增长,需要内需与外需的平衡,内需必须要扩大,怎么扩大? 真正需要扩大的是穷人的消费。富人的消费无所谓扩大不扩大,钱再多就那么些消费。分好蛋糕才能扩大内需,扩大内需才能调整结构,调好结构才能转变发展方式。所以,扩大内需也是发展方式转变的问题,前提是分好蛋糕。

经济问题是统一的,核心问题还是公有制和共同富裕。

《董事会》:分好蛋糕是一项系统工程,用时兴的话讲,需要顶层设计。您怎么看?

刘国光:叫不叫顶层设计都没有关系,用过去的说法就是统一设计、统一计划、统一指挥、综合平衡。各方面都要统筹兼顾,这是我党的一贯政策;顶层设计的核心思想就是统筹兼顾。

《董事会》:就公有制为主体和共同富裕,您对十八大有何期许和建言?

刘国光:谈不上什么建言,不过都是些经验之谈。为了彰显中国共产党为实现中国人民共同富裕、不搞两极分化的决心,还是要落实和执行邓小平关于共同富裕和不搞两极分化的重要指示,尤其是不要回避邓小平一再提出的"如果我们的政策导致两极分化,我们就失败了"的告诫。要支持在共同富裕方面推行和获得群众拥护的地方成功探索,使之得到发扬推广。应超越已有的从收入和福利的分配再分配着手、解决共同富裕问题的地方成功探索,依据前述邓小平关于两个根本原则之间的关系的论述,指出要扭转两极分化趋势和实现共同富裕,就必须不仅在收入和福利的分配再分配上采取有效措施,而且还要从所有制结构和财产关系的调整上,回归到以公有经济为主体的社会主义基本经济制度上来,才能根本解决问题。

(此文是江苏《董事会》杂志记者专访,载于该杂志2012 年第 10 期)

十一 "十八大"后再谈中国经济体制改革的方向
——警惕以"市场化为名"推行"私有化之实"的倾向

中共十八大后,我国经济改革的方向和重点是什么?中共十八大报告为中国经济改革已经指明了方向,就是要不断完善已经初步建立起来的社会主义市场经济体制。我们的改革目标很明确,就是要建立社会主义市场经济体制,而不是资本主义市场经济体制;要建立以公有制为主体的市场经济体制,而不是以私有制为主体的市场经济体制;要建立有国家宏观调控和计划导向的市场经济体制,而不是自由放任的市场经济体制;要建立确保广大人民群众共享改革发展成果的市场经济体制,而不是为了方便少数人攫取巨额财富的市场经济体制。以上这些内容和精神,实际上,在改革开放以来党的文件和历届领导的讲话中得到了体现,也为广大理论工作者、实际工作者所认可和接受。但最近,有一种错误的观点对我们的改革目标进行了歪曲。如果对此种错误的观点不进行警惕和批判,就可能对我国下一步的改革走向产生不利的影响,对社会主义市场经济体制的完善会产生极大的危害。

　　这种观点的核心思想和主要论据的出发点是:中国现时仍然是一种"半统制、半市场"的体制,政府和国有经济仍然牢牢统制国民经济的运行和一切"制高点",市场在资源配置中发挥基础作用的目标远没有实现;改革开放所取得的成就都要归功于市场化的进展,改革开放中所出现的问题主要是由于政府干预过度、市场化不够;收入两极分化等社会矛盾的根源最主要的是由于政府权力过大、贪污腐败过于严重。据此,他们主张,下一步改革要从以下方面着手进行:一是破除国有经济对一些重要产业的垄断;二是减少政府对市场的过度干预。"市场化"是解决中国经济问题、社会矛盾的唯一灵丹妙药,是实现中华民族伟大复兴的唯一"法宝"。

　　实际上,这种观点并不是什么新东西,它就是前段时间大家批判的新自由主义、市场原教旨主义。持这种错误观点的人士,把中国现在实行的有国家宏观调控和计划导向的社会主义市场经济看成是"半统制、半市场"的混合经济,这完全是扭曲事实,混淆是非。现在,包括一些发达国家在内的约有 97 个国家已经承认中国市场经济国家地位，即使那些没有承认的国家也主要是基于政治考虑。据国内外许多专家学者测算，中国的市场化程度已经相当高。北京师范大学经济与资源管理研究院的"中国市场化进程"课题组撰写的《2010 中国市场经济发展报告》显示，2008 年我国市场化程度已达 76.4%[①]，生产要素市场化程度已达到 87.5%[②]，产品市场化程度已达到 95.7%[③]。这样看来，总体上讲，中国现今市场化达到的程度，已远非是"半市场"，而是在国民经济中早已过了"大半"，体现出市场在资源配置中的基础性作用。至于他们所说的政府统制，实指国家的计划导向与宏观调控，也绝不是什么"半统制"，而是涵盖了经济运行必要的范围。所有这些也正是社会主义市场经济题中之义。

持上述错误观点的人还认为，国有经济仍然牢牢掌

---

① 李晓西、曾学文：《2010 中国市场经济发展报告》，北京师范大学出版社，2010，第 337 页。

② 李晓西、曾学文：《2010 中国市场经济发展报告》，北京师范大学出版社，2010，第 321 页。

③ 李晓西、曾学文：《2010 中国市场经济发展报告》，北京师范大学出版社，2010，第 340 页。

握国民经济的"一切"制高点,近些年存在大规模"国进民退",这是颠倒黑白的。2010 年公有制经济与私有制经济(包括外资和内资)在 GDP 中所占比重为 27%：73% ,而 2006 年为 37%：63%[①]。国有经济在工业经济中的比重,1998 年为 28.2% ,2011 年为 7.9% 。从上述数据可以看出,我国国有经济在国民经济中的比重不断下降,宏观上并不存在所谓的"国进民退";微观上国有经济"有进有退",但更多的是"国退民进",一些案例中的所谓"国进民退",多半属于资源优化重组,并非没有道理。事实是,根本不存在"国进民退",更多的是"国退民进"。

持这种错误观点的人还认为,改革开放以来所产生的经济问题、社会矛盾的根源就在于政府干预过多,收入两极分化主要是由于政府权力过大、贪污腐败太过严重造成的。严重的贪污腐化确实是我国政治经济社会机体里的一大癌症,必须如十八大后宣布的不论老虎苍蝇都要从严惩治。而他们渲染行政官员贪污腐化的根本目

---

① 何干强：《论公有制在社会主义基本经济制度中的最低限度》,《马克思主义研究》,2012 年第 10 期。

的，则是以此掩盖过度市场化和过度私有化才是导致我国收入两极分化程度严重等社会问题的真正根源。他们栽赃政府的逻辑是，权力必然产生腐败，政府干预过多必然导致官员收入过高、百姓收入过低，因此要解决两极分化就是让政府放权、一切由市场来解决。这样的逻辑明显是错误的。政府权力大小与贪污腐化有关，但不是直接因果关系。改革开放前，我国实行高度集中的计划经济，政府的权力比现在大得多，但腐败并不严重；所有制结构偏颇于一大二公，导致收入分配平均主义倾向的弊病，却没有出现收入两极分化趋势。现在政府对经济必要的管制与干预大大少于过去计划经济时期，腐败反而变本加厉，可见腐败的产生另有根源，明显与过度市场化所带来的社会道德风尚恶化有关，当然也不应忽视体制改革中不完善不成熟之处，也为腐败的涌流提供了缝隙，应当通过完善改革来严加堵塞。贫富差距的扩大和两极分化趋势的形成，实际上，主要源于初次分配。初次分配中影响最大的核心问题是劳动与资本的关系。按照马克思主义观点，所有制决定了分配制，财产关系决定分配关系。财产占有上的差别，才是收入差别最大的影响因素。

改革开放三十多年来我国贫富差距扩大的最根本原因，是所有制结构上和财产关系中的"公"降"私"升和化公为私，财富积累集中于少数私人。

　　持前述错误观点的人主张，十八大后，改革要从以下两方面着手进行：一是破除国有经济对一些重要产业的垄断；二是减少政府对市场的过度干预。目标就是通过市场化、法治化、民主化的改革，建立包容性的经济体制和政治体制，实现从威权发展模式到民主发展模式的转型。说到底，他们心目中改革的理想目标模式和顶层设计，似乎就是欧美的自由市场经济模式或社会市场经济模式；他们倡导的进一步市场化，似乎就是全面实行私有化；他们推崇的服务于垄断资本的所谓"有限政府"、"中性政府"，似乎就是资本主义国家的政府；他们主张取消公有制的主体地位和打破国有经济的主导和垄断地位，似乎就是要让私有经济主导中国经济；他们宣扬抽象的"好的"市场经济，似乎就是资本主义市场经济。他们的主张一点也不令人奇怪，因为在他们思想深处已刊发文章，认为法国大革命、巴黎公社、十月革命所宣传的思想给世界带来的只能是大灾难和大倒退。我们党和政府一定要认清这种错误观点的实质,一定要警惕这种错误观点的危害,一定要防止"西化"、"分化"、"资本主义化"的思潮干扰我们的改革大业。

下一步我们的经济改革的方向是什么?要回答这一问题,必须对当今的中国有一个清醒的认识和判断。今天的中国和三十多年前改革初期的中国有着明显的不同,国家的经济形势、社会矛盾、面临的国际环境都已发生巨大变化。依照十八大精神,2000年中国已建立起社会主义市场经济体制,并完善十多年,下一步改革的任务就是继续完善它,也就是说我们既不能回到传统计划经济体制,也不能把它变成资本主义市场经济体制。经过三十多年的改革开放,我国市场化程度已不比有些西方国家低,不足之处需要完善,过头之处需要裁减,不宜简单地宣扬"进一步市场化",否则,可能会带来由于过度市场化而引发种种灾难的后果;我国的所有制结构已发生深刻变化,国有经济的战线已大幅度收缩,如果继续对所剩不多的大中型国有企业进行私有股份化改革或改制,我国社会主义初级阶段以公有制为主体的基本经济制度将更难以维持;我国除广播、出版等极少数行业没有对外资大规模开放外,绝大多数行业已开放,如果继续盲目扩大开放领域或没有限制的开放,则可能给我国带来经济安全和文化安全的问题;我国的财富和收入分配不均的状况已相当严重,基尼系数大大超出国际警戒线,如果再不采取有效措施遏制收入两极分化不断扩大的趋势,则极有可能引发社会动荡,最终实现不了共同富裕的理想。

今后,我们还要搞社会主义市场取向的改革和完善,但不搞过度市场化;我们还要搞国有企业管理的改革创新,但不能搞私有股份化;我们欢迎外资、利用外资,但要对外资有所限制、不能被外资控制;我们支持竞争、反对垄断,但不能以反垄断为名、限制国有经济的发展;我们拥护政府让利于民,发挥私营经济的活力,但并不是支持政府让利于少数富人、少数大资本所有者,继续扩大贫富差距;我们赞成市场在资源配置中起基础性作用,但并不是说要削弱国家的经济调控和计划导向的能力。

十八大后,我认为经济改革应该从以下三个方面着手进行工作:一是做优、做强、做大国有经济和集体经济,发挥国有经济的主导作用和公有经济的主体作用;二是转变政府职能,提高国家的宏观经济调控和计划导向能力;三是着力改善民生问题,逐步解决财富和收入两极分化问题。

十八大报告强调,我们要毫不动摇地巩固和发展公有制经济,推行公有制多种实现形式,推动国有资本更多投向关系国家安全和国民经济命脉的重要行业和关键领域,不断增强国有经济活力、控制力、影响力。在这里笔者想指出的是,在社会主义经济中,国有经济不是仅像在资本主义制度下那样,主要从事私有企业不愿意经营的部门,补充私人企业和市场机制的不足,而是为了实现国民经济的持续稳定协调发展,为了巩固和完善社会主义经济政治文化制度。因此,国有经济应在能源、交通、通信、金融等关系国民经济命脉的重要行业和关键领域有"绝对的控制力"或"较强的控制力"。我国作为一个社会主义大国,国有经济的数量底线,不能以资本主义国家私有化的"国际经验"为依据。确定国有经济的比重,理应包括保障、实现和发展社会公平和社会稳定的内容,所以国家对国有经济控制力的范围要比资本主义国家大得多。

我国建立的是社会主义市场经济体制,我国的宏观经济调控能力应比一般市场经济国家强，手段也要更多一些。我们社会主义国家宏观调控下的市场经济怎样区别于资本主义国家呢？除了基本经济制度的区别外，就在于我们还有计划性这个特点，还有国家计划的指导。少数市场经济国家，如日本、韩国、法国，都曾设有企划厅之类的机构，编有零星或部门的预测性计划。英、美等多数市场经济国家只有财政政策、货币政策等手段，没有采取较有效的计划手段来调控经济。但我们是以公有制经济为主体的社会主义发展中大国，要实行跨越式发展，有必要也有可能在宏观调控中运用计划手段，指导国民经济有计划按比例发展。这符合马克思主义有计划按比例发展的真理，也是社会主义市场经济的优越性所在。

我们党提出到 2020 年要全面建成小康社会。要在剩下的七年的时间里，达到这一目标，我们必须加紧改善民生问题，抓紧解决财富和收入两极分化问题。要解决贫富两极分化问题，不能仅仅从分配领域本身着手。仅仅通过完善社会保障公共福利制度，调整财政税收、转移支付等政策，是难以从根本上解决这一问题的。我们需要从所有制结构，从财产制度上直面这一问题，需要从基本生产关系,从基本经济制度来接触这个问题;需要从强化公有制为主体地位来解决这个问题。同时,我们也要改革财富和收入分配制度,坚持按劳分配为主,限制按资分配,努力实现居民收入增长和经济发展同步、劳动报酬增长和劳动生产率提高同步,提高居民收入在国民收入分配中的比重,提高劳动报酬在初次分配中的比重。这样,我们才能扭转贫富差距扩大的趋势,最终实现共同富裕。

今后很长时间内,中国经济改革的方向仍然是建立完善的社会主义市场经济体制。我们搞社会主义市场经济自然需要市场体系,需要培育多元化的市场竞争主体,需要建立一个公平竞争和法治的市场环境,但我们反对过度市场化,反对以市场化为名进行私有化,反对通过弱化分化肢解国有经济来实现竞争主体的私有化和多元化,反对建立一个不讲计划、没有国家强有力宏观调控的资本主义式的自由竞争的市场经济。

(此文是 2013 年 4 月 20 日在福州师范大学召开的经济理论研究会第 23 届年会上的讲话稿,发表于《中华魂》2013 年第 6 期)

十二　政府和市场在资源配置中的作用

经济领域的意识形态斗争关系到改革向何处去的问题,须引起高度重视。必须以马克思主义的经济理论观点理解社会主义市场经济中市场与政府的关系。社会主义市场经济在市场价值规律起作用的同时,还受"有计划按比例发展规律"的支配;可按照资源配置的微观层次和宏观层次来划分市场与政府的功能。有了对社会主义市场经济中政府与市场关系的正确理解,我们就能掌握好中国改革航船的舵盘,坚持既是"市场经济"的又是"社会主义"的改革方向,驶向实现中国梦的美好未来。

(一)

从经济建设与意识形态工作的辩证关系谈起。习近平同志在全国宣传思想工作会议上指出:"经济建设是党的中心工作,意识形态工作是党的一项极端重要的工作。"[1]这

---

[1]　习近平:《胸怀大局把握大势着眼大事　努力把宣传思想工作做得更好》,《人民日报》2013 年 8 月 21 日。

句话高屋建瓴地阐释了经济建设与意识形态工作的辩证关系。简言之,经济建设工作为意识形态工作创造物质基础,只有经济建设这个中心工作做好了,意识形态工作才会有坚实的物质基础;反过来,意识形态工作做好了,可以为经济建设这个中心工作保驾护航,保证经济建设持续、快速、健康发展。

按照历史唯物主义基本原理,经济基础决定上层建筑,上层建筑是指建立在一定社会经济基础上的社会意识形态以及与它相适应的政治、法律制度和设施,而上层建筑也会反作用于经济基础。当然,这也包括意识形态会反作用于经济基础。

在阶级社会里,包括在社会主义初级阶段,意识形态具有鲜明的阶级性。资本主义经济基础决定资本主义的意识形态,社会主义经济基础决定社会主义的意识形态。代表先进的阶级利益的意识形态对社会的经济发展起促进作用,代表反动阶级利益的意识形态对社会的经济发展起阻碍作用。毛泽东同志曾指出:"凡是要推翻一个政权,总要先造成舆论,总要先做意识形态方面的工作,革命的阶级是这样,反革命的阶级也会是这样。"①龚自珍说过："灭人之国,必先去其史。"②苏联的解体就是鲜明的事例。当今一些丑化革命领袖、否定改革开放前三十年、抹黑公有制经济和国有企业的言论,其终极意图在于颠覆共产党的领导,改变社会主义经济制度,是十分明显的。对此我们应当提高警惕,深刻认识到意识形态工作的重要性、长期性、复杂性,巩固马克思主义在意识形态领域的指导地位。

经济建设与意识形态工作不都是两种平行的事情,某些意识形态与经济工作有着密切的交叉关系。意识形态深入经济工作之中,经济工作本身也蕴涵着意识形态因素,如经济建设的指导思想本身就属于意识形态的范畴。

当前,在意识形态领域流行的错误思潮中,西方宪政民主、普世价值、历史虚无主义、公民社会等,属于政治、文化、社会领域,与经济领域的关系不是直接的。而新自

---

① 《建国以来毛泽东文稿》(第10册),中央文献出版社,1996,第194页。

② 龚自珍:《古史钩沉论》,《龚自珍全集》,上海人民出版社,1975,第23页。

由主义则属于经济领域中的思潮,在各种思潮中居于很重要的地位。新自由主义经济理论的核心观点,如"经济人"假设、追逐私利的人性论、私有制永恒论、市场教旨主义、政府职能最小化("守夜人")等,在我国经济界、理论界广泛传播,对我国经济改革和经济发展施加相当大的影响。可以说,当前我国经济领域存在着中国特色社会主义和新自由主义思想的斗争,这个斗争是经济领域中的意识形态斗争。这个斗争直接关系到经济建设的成败得失和中国特色社会主义的前途命运,关系到改革向何处去的问题,即是走完全自由化的市场经济道路,还是走中国特色的社会主义市场经济道路? 对此,党的十八届三中全会明确做出了回答:"坚定不移高举中国特色社会主义伟大旗帜,既不走封闭僵化的老路、也不走改旗易帜的邪路"。

（二）

现在海内外对中国政治经济形势有一种流行的说法,叫"经右政左",即经济上更加趋于自由化、市场化,放开更多管制领域;同时政治上更加趋于权威化,高举马克思列宁主义、毛泽东思想的旗帜,收紧对意识形态的控制。似乎我国在经济领域上偏右,而在政治和意识形态领域偏左。好像左右双方对此都有议论,角度不同,好恶各异。

姑且不论"经右政左"说法的是非,从理论上讲,这是一对矛盾的概念。按照历史唯物主义的基本原理,政治、意识形态等上层建筑是由经济基础决定的。如果上层建筑与经济基础的方向一致,就可以巩固经济基础;如果经济基础与上层建筑偏离,那么就会使经济基础发生变异,原来的上层建筑也会有坍塌之虞。

有人分析,"经右政左"的风险,可能会导致社会分裂,所以这种局面难以长久持续。社会主义经济如果长期受到西方新自由主义经济思想的侵蚀,使自由化、私有化倾向不断上升,计划化、公有制经济为主体的倾向不断弱化,社会主义经济基础最终就要变质,变成与社会主义意识形态和上层建筑不相容的东西。而随着私有经济的发展,资产阶级力量壮大,其思想影响也扩大,迟早他们会提出分权甚至掌权的要求,那时即使在政治思想上坚持科学社会主义,做多大的努力,恐怕终究都难以为继。这是经济基础决定上层建筑所决定的,不以人的意志为转移的。对此我们一定要有清醒的认识,千万不能大意。

改革开放以来,我们逐步建立社会主义市场经济体制。按照党的十八届三中全会的说法,政治上"必须高举中国特色社会主义伟大旗帜,以马克思列宁主义、毛泽东思想、邓小平理论、'三个代表'重要思想、科学发展观为指导"①,而在经济上"坚持社会主义市场经济改革方向"②。这就是说,政治上既要高举马克思列宁主义、毛泽东思想,也要高举邓小平理论、"三个代表"思想、科学发展观;经济上既要"市场经济",又要"社会主义"。如果把政治上和经济上的两边关系都摆正了,这就与所谓的"经右政左"的说法划清了界限。

(三)

下面笔者想就"坚持社会主义市场经济方向"问题,再谈一点认识。

社会主义市场经济的改革方向,本身就是经济和政

---

① 《中共中央关于全面深化改革若干重大问题的决定》,《人民日报》2013 年 11 月 16 日。

② 《中共中央关于全面深化改革若干重大问题的决定》,《人民日报》2013 年 11 月 16 日。

治的统一。我们的改革是要建立"社会主义市场经济"，不是单纯的市场经济，而是"社会主义＋或×市场经济"。"社会主义市场经济"是一个完整的概念，是不容割裂的有机统一体。党的十四大报告第一次提出社会主义市场经济的改革目标时，就明确在"市场经济"一词的前面加上一个前置词"社会主义"，还有一个前提条件，就是"在国家宏观调控下"，让市场在资源配置中发挥重要作用。党的十八届三中全会准确地定位了市场作用和政府作用的关系。最近，习近平总书记在中央政治局第十五次集体学习时强调，"使市场在资源配置中起决定性作用和更好发挥政府作用，二者是有机统一的，不是互相否定的。"在资源配置中市场作用和政府作用都要有，不能任意削弱任何一个方面，这个是根本性的问题。

资源配置有宏观、微观不同层次，还有许多不同领域的资源配置。在资源配置的微观层次，即多种资源在各个市场主体（企业、机构、家庭、个人）之间的配置，市场价值规律可以通过供求变动和竞争机制促进效率，发挥非常重要的作用，也可以说是"决定性"的作用。但是在资源配置的宏观层次，如供需总量的综合平衡、部门地区的比例结构、自然资源和环境保护、社会资源的公平分配等方面，以及涉及国家社会安全、民生福利（住房、教育、医疗）等领域的资源配置，就不能都依靠市场来调节，更不用说"决定"了。市场机制在这些宏观层次和重要领域存在很多缺陷和不足，需要国家干预、政府管理、计划调节来矫正、约束和补充市场的行为，用"看得见的手"来弥补"看不见的手"的缺陷。

过去邓小平同志在提出社会主义也可以搞市场经济的时候，从来没有否定计划，一再说计划和市场都是手段，都可以用。党的十四大报告特别明确指出"国家计划是宏观调控的重要手段之一"。党的十四大召开前，当时总书记在中央党校省部级干部进修班上，说明选择社会主义市场经济的改革目标时就提醒我们："社会主义经济从一开始就是有计划的，这在人们的脑子里和认识上一直是清楚的，不会因为提法中不出现'有计划'三个字，就发生是不是取消了计划性的疑问"。[1] 以上所述表明了社会主义市场经济是有计划的市场经济，

---

[1] 《江泽民文选》第一卷，人民出版社，2006，第202页。

肯定了在社会主义市场体制中，计划和市场两种资源配置的手段都要用。但是以后，由于受新自由主义经济思想的影响，逐渐出现了市场、淡化计划的倾向。有人认为，我们现在搞市场化改革，"计划"不值得一提。"'十一五'计划"改称"'十一五'规划"，一字之差，就大作文章，欢呼离计划经济更远了，离市场经济更近了，"计划"好像成了一个禁区。但是，党的十七大报告还提出"发挥国家发展规划、计划、产业政策在宏观调控中的导向作用"。十八届三中全会通过的《关于全面深化改革若干重大问题的决定》，在"使市场在资源配置中起决定性作用"的后面，紧随着跟上"更好发挥政府的作用"。虽然没有提"国家计划的导向"的字眼，但保留了"健全以国家发展战略和规划为导向、以财政政策和货币政策为主要手段的宏观调控体系"，其实也表达了"计划导向"的意思，只是回避了"计划"二字。这是颇值得玩味的。笔者认为，只要切实做到如《决定》所言"宏观调控体系"要"以国家发展战略和规划为导向"，那也没有多大关系。

值得注意的是，习近平总书记在《关于〈中共中央关于全面深化改革若干重大问题的决定〉的说明》中指出：
"市场在资源配置中起决定性作用,并不是起全部作用。"①可见,市场的"决定性作用"是有限制的。根据这个精神,《决定》在写出市场的"决定性作用"的同时,也强调了政府和国家计划的作用。就是说政府和国家计划要在资源配置中起"导向性作用"。这样,市场与政府、市场与计划在资源配置中的"双重调节作用"的思想就凸现出来了。"双重调节作用"是程恩富同志最近对《决定》中有关市场与政府关系问题的一个提法②,颇有道理。

那么,在资源配置的调节中,市场和政府或计划,怎么分工? 依笔者看,可按照资源配置的微观层次和宏观层次,划分市场与政府或计划的功能。市场在资源配置中起决定性作用,应该限制在微观层次。而政府职能如

---

① 习近平:《关于〈中共中央关于全面深化改革若干重大问题的决定〉的说明》,《〈中共中央关于全面深化改革若干重大问题的决定〉辅导读本》,人民出版社,2013,第71页。

② 程恩富:《习近平的十大经济战略思想》,《人民论坛》2013年第12期(上)。

行政审批的缩减，也主要在微观领域。至于宏观层次上以及微观经济活动中对宏观产生重大影响的资源配置问题，政府要加强计划调控和管理，不能让市场这只"看不见的手"盲目操纵，自发"决定"。当然，对市场提供服务、实施监管、做"守夜人"的责任，政府还是责无旁贷的。

（四）

这样来理解社会主义市场经济中"政府"与"市场"或"计划"与"市场"的关系，符合马克思主义经济学原理，更加有利于坚持既是"市场经济"的，又是"社会主义"的改革方向。

党的十八届三中全会《决定》说得不错："市场决定资源配置是市场经济的一般规律"，这也就是市场价值规律。但是社会主义经济决定资源配置的就不是市场价值规律，而是有计划按比例发展规律。马克思主义认为，在共同的社会生产即以公有制为基础的社会生产中，国民经济要实行有计划按比例的发展。马克思说过："时间的节约，以及劳动时间在不同的生产部门之间有计划的分配，在共同生产的基础上仍然是首要的经济规律。这甚至在更加高得多的程度上成为规律。"①这说明,劳动时间按比例在各生产部门之间的分配,和劳动时间在利用中的节约,是集体化经济的第一经济规律。"劳动时间"包括活劳动时间和物化劳动时间,意味着人力资源和物质资源。其意思就是有计划按比例地分配和节约资源,是社会化生产要遵循的首要经济规律。有计划按比例发展就是人们自觉安排的持续、稳定、协调发展,它不等同于传统的行政指令性的计划经济,更不是某些人贬称的"命令经济"。"有计划"主要是指导性、战略性、预测性的计划,用以从宏观上导向国家资源的配置和国民经济的发展,当然,也包括某些必要的指令性指标,并不排除国家计划的问责功能。改革后,我们革除传统计划经济的弊病,适应初级阶段的国情,建立了社会主义市场经济体制,尊重市场价值规律,但是不能丢掉公有制下有计划按比例的经济规律。

在社会主义初级阶段,社会主义经济容纳市场经

---

① 《政治经济学批判 1857~1858 年手稿》,《马克思恩格斯文集》第 8 卷,人民出版社,2009,第 67 页。

济,成为社会主义的市场经济,而不是什么纯粹的市场经济,或者其他性质的市场经济。这样的社会主义市场经济就不能只受一个市场价值规律的支配,而必须在市场价值规律起作用的同时,受"有计划按比例发展规律"的支配。所以,十八届三中全会《决定》所说的"市场决定资源配置是市场经济的一般规律",单就市场经济来说,是绝对正确的;下面接着说"健全社会主义市场经济体制必须遵循这条规律",也是对的,但是说得不够完整。因为社会主义市场经济要遵守的不仅是市场价值规律,这不是社会主义市场经济唯一的规律。社会主义市场经济还要首先遵守有计划按比例发展规律。这就是为什么在社会主义市场经济中,计划和市场、政府和市场、自觉的调节和自发的调节、"看得见的手"和"看不见的手"都要在资源配置中发挥重要作用的理论根据。

习近平同志说得好,"在市场作用和政府作用的问题上,要讲辩证法、两点论,'看不见的手'和'看得见的手'都要用好,努力形成市场作用和政府作用有机统一、相互补充、相互协调、相互促进的格局,推动经济社会持续健康发展"。

我们必须以马克思主义的经济理论观点，而不能以哈耶克之流的自由主义经济观点来理解社会主义市场经济中市场与政府、市场与计划的关系，这样我们就能掌握好中国改革航船的舵盘，驶向实现中国梦的美好未来。

（此文以不同组合或节要形式，先后刊载于《中国社会科学院研究报告》2014 年 1 月 18 日；《中国社会科学报》2014 年 7 月 16 日；上海《社会科学报》2014 年 6 月 5 日等处。）

十三　关于混合所有制改革的一些看法

十八届三中全会突出用混合所有制的办法进行国企改革，但混合所有制不是新事物，新中国成立初期我们就有公私合营，这其实就是混合所有制的一种方式。那是以公营经济渗进私营经济，逐步将私营经济改造成国营经济，是一种向社会主义过渡的所有制形式，时间很短，很快便完成改造。这次的混合所有制形式上类似以前的"公私合营"，实质上完全不同。它是倒过来，让私营经济参与国营经济的改革，那么是否意味着也倒过来，逐步把国有经济改变为私有经济，成为向资本主义过渡的一种短暂的所有制形式呢？笔者觉得不是这样的。党的方针意不在此，混合所有制经济是社会主义初级阶段基本经济制度的重要实现形式之一，不是短时间的，初级阶段要向社会主义高级阶段过渡，时间很长，所以混合所有制经济不应当是向私有制经济过渡的一种短暂的所有制形式。社会主义初级阶段的基本经济制度是以公有制为主体，多种所有制经济共同发展，公有经济和私营经济都是重要组成部分，必须坚持"两个毫不动摇"，无论在宏观国民经济层面，还是微观混合经济实体方面，我们都要公进私进，国进民进，不能只是国退民进。混合所有制要国有控股，国有经济占主导地位，要守住公有制为主体以及国有资本控股的底线。

发展混合所有制经济的目的是什么？习近平同志说国企在深化改革中不仅不能削弱，而且要加强，三中全会的文件也说，"混合所有制经济要有利于放大国有资本的功能，实现国有资本的保值增值"。我们不能随着混合所有制经济的发展，使国有经济越来越萎缩，非公有经济越来越扩张，国有经济不但不能放大功能，而且混合到最后反而把国有资产都混没有了。这是国资委研究中心主任楚序平在"2013上海国资高峰论坛"上的讲话中，针对有人有这样的想法而提出的，这种想法与我国改革发展混合所有制经济的目标背道而驰。持这种把混合所有制看成是国退民进，公退私进，国有企业私有化形式的主张，的确大有人在。发改委某副主任在达沃斯世界经济会议上讲，政府大力提倡混合所有制经济，意味着地方政府可以将国有企业私有化，将国有企业卖来的资金还债，这与三中全会精神风马牛不相及。

在发展混合所有制经济中，有些人只注意外资或私资进入国企的单边关系，夏小林最近写作一篇文章提到，任何企业都有独大问题，为什么只强调国有股要减持，强调要让私有资本参进控股，有民营企业的大佬甚至公开宣称，若不能取得控股权，将不参与国企改革，其对国企改革的野心昭然若揭。凡此种种，都不符合三中全会关于国资、私资、外资等交叉持股、互相融合等混合所有制改革的精神。

三中全会文件起草时征求意见，笔者对原稿中经济部分第六点"积极发展混合所有制经济"这一段以及"合理减持现有国有股份"内容的表述提出意见：目前国有经济在国民经济中占比已经大大缩减的情况下（已经缩减到20%），如果继续对所剩不多的大中型国企进行国有股减持和私有股参进私有股份化改制，世界银行甚至提出到2020、2030年要把国企股份比例降低到10%，或者实行"黄金股"，那么我国公有制为主体的基本经济制度将更加难以维持，社会主义市场经济摇摇欲坠，就要变成资本主义市场经济。

笔者又对原稿中第八点提到的"鼓励非公有制经济

参与国企改革,鼓励发展非公有制经济控股混合所有制企业"的表述,提了意见:当然可以这样鼓励,反过来也可以鼓励公有制经济参与非公有制改革,公有制经济控股混合所有制企业。原稿的表述使人认为混合所有制企业似乎只能是私有控股,到底哪个控股好要看具体情况而定。还要加上一个意思,如果国有控股转变为私有控股,那么混合所有企业整体的性质也就起了变化。以上两条意见,至今仍可以研究参考。

经过二十多年的发展,我国混合所有制改革起步已经多年,不少国企的股权结构已经多元化,上市公司当然如此,在中央地方国有控股上市公司内部,已经占据压倒性的优势。据楚序平的材料统计,在这些上市公司之间,非国有股权比例已经平均超过 53%。在这个基础上,进一步尽可能降低国有股权比例,将其缩减到 20% 以下,或者政府持有 1% 的"黄金股",甚至放弃"黄金股"的极端水平,连同地方出售大批中小型企业,将涉及巨额国有资产以及相应的巨额利润重新组合到私人手中,促使中国财富结构和收入结构进一步向中外私人资本富豪大倾斜,而国家财政收入减少,社会福利保障也相应减少。国家所掌握的财富、社会福利的财富,民生、社会建设的财富减少,富豪财富增加,这就是所谓的"马太效应",后果极其严重。夏小林在《2014年国企与改革——兼评被污名化的"国资一股独大"》①一文中分析了国有股私有化带来的恶果,应当受到重视。

所以,国企改革和发展混合所有制经济,一定要坚持社会主义的方向,坚持社会主义基本经济制度的根本原则,防止财富和收入分配通过所有制结构的变化向两极分化进一步推演。笔者曾在一篇文章中也提到所有制结构与分配关系②。所以要围绕习近平同志所讲的"不仅不能削弱国企,而且要加强"改革,不能让其蜕变为民营、外企进入国企的单边关系,以至于如习近平所警告一些人在"一片改革声中把国有资产谋取暴利的机会",重演过去国企改革的悲剧。中央已经意识到这一点,部门和地方执行政策就很难说,有的方面思想上根本意识不到。可采取的措施很多,比如《环球时报》刊载昆仑岩的文章

① 夏小林文章在《管理学刊》2014年第3期发表。
② 刘国光:《关于分配与所有制关系若干问题的思考》,原载《中国社会科学内刊》2007年第6期。

《决不能让疯狂卖国企重演》中举了一些办法，如混合经济可以合资合股，增资增股，而不是变相出卖国企，减持国股，等等，可以参考。好的有利于巩固社会主义基本经济制度的好的国企改革意见多得很，希望国企改革的决策和执行部门择优吸收。

（此文是"光明日报"记者周晓菲采访个人信息时，顺便提出的一个问题的录音整理，录音时间在2014年4月29日。此稿未收进记者编写的个人信息，这里是初次发表）

居安思危·世界社会主义小丛书
（已出书目）

编号	作者	书　名	审稿人
1	李慎明	忧患百姓忧患党 ——毛泽东关于党不变质思想探寻	侯惠勤
2	陈之骅	俄国十月社会主义革命	王正泉
3	毛相麟	古巴：本土的可行的社会主义	徐世澄
4	徐世澄	当代拉丁美洲的社会主义思潮与实践	毛相麟
5	姜　辉 于海青	西方世界中的社会主义思潮	徐崇温
6	何秉孟 李　千	新自由主义评析	王立强
7	周新城	民主社会主义评析	陈之骅
8	梁　柱	历史虚无主义评析	张树华
9	汪亭友	"普世价值"评析	周新城

编号	作者	书 名	审稿人
10	王正泉	戈尔巴乔夫与"人道的民主的社会主义"	陈之骅
11	王伟光	马克思主义与社会主义的历史命运	侯惠勤
12	李慎明	居安思危:苏共亡党的历史教训	课题组
13	李 捷	毛泽东对新中国的历史贡献	陈之骅
14	靳辉明 李瑞琴	《共产党宣言》与世界社会主义	陈之骅
15	李崇富	毛泽东与马克思主义中国化	樊建新
16	罗文东	中国特色社会主义理论与实践	姜 辉
17	吴恩远	苏联历史几个争论焦点真相	张树华
18	张树华 单 超	俄罗斯的私有化	周新城
19	谷源洋	越南社会主义定向革新	张加祥
20	朱继东	查韦斯的"21世纪社会主义"	徐世澄
21	卫建林	全球化与共产党	姜 辉
22	徐崇温	怎样认识民主社会主义	陈之骅

编号	作者	书　名	审稿人
23	王伟光	谈谈民主、国家、阶级和专政	姜　辉
24	刘国光	中国经济体制改革的方向问题	樊建新
25	有林 等	抽象的人性论剖析	李崇富
26	侯惠勤	中国道路和中国模式	李崇富
27	周新城	社会主义在探索中不断前进	陈之骅
28	顾玉兰	列宁帝国主义论及其当代价值	姜　辉
29	刘淑春	俄罗斯联邦共产党二十年	陈之骅
30	柴尚金	老挝:在革新中腾飞	陈定辉
31	迟方旭	建国后毛泽东对中国法治建设的创造性贡献	樊建新
32	李艳艳	西方文明东进战略与中国应对	于　沛

图书在版编目（CIP）数据

中国经济体制改革的方向问题/刘国光著.—北京：社会科学
文献出版社，2015.1
　（居安思危·世界社会主义小丛书）
　ISBN 978 - 7 - 5097 - 6610 - 1

　Ⅰ.①中…　Ⅱ.①刘…　Ⅲ.①中国经济 - 经济体制改革 -
研究　Ⅳ.①F121

　中国版本图书馆 CIP 数据核字（2014）第 233276 号

居安思危·世界社会主义小丛书
中国经济体制改革的方向问题

著　　者/刘国光

出 版 人/谢寿光
项目统筹/祝得彬
责任编辑/仇　扬　徐　瑞

出　　版/社会科学文献出版社·马克思主义理论编辑部（010）59367004
　　　　　地址：北京市北三环中路甲29号院华龙大厦　邮编：100029
　　　　　网址：www.ssap.com.cn
发　　行/市场营销中心（010）59367081　59367090
　　　　　读者服务中心（010）59367028
印　　装/北京季蜂印刷有限公司

规　　格/开　本：787mm×1092mm　1/32
　　　　　印　张：5.125　字　数：73千字
版　　次/2015年1月第1版　2015年1月第1次印刷
书　　号/ISBN 978 - 7 - 5097 - 6610 - 1
定　　价/10.00元

N